CB034162

PANORAMA DO NOVO TESTAMENTO

AUGUSTUS NICODEMUS

PANORAMA DO NOVO TESTAMENTO

Os textos bíblicos foram extraídos da *Nova Versão Transformadora* (NVT), da Tyndale House Foundation, salvo as seguintes indicações: *Almeida Revista e Corrigida* (ARC), *Almeida Revista e Atualizada*, 2ª edição (ARA), *Nova Almeida Atualizada* (NAA) e *Nova Tradução na Linguagem de Hoje* (NTLH), da Sociedade Bíblica do Brasil; e *Nova Versão Internacional* (NVI), da Biblica, Inc.

CIP-Brasil. Catalogação na publicação
Sindicato Nacional dos Editores de Livros, RJ

N537p

Nicodemus, Augustus, 1954-
Panorama do Novo Testamento / Augustus Nicodemus. - 1. ed. - São Paulo : Mundo Cristão, 2025.
264 p.

ISBN 978-65-5988-399-8

1. Bíblia. N.T. - Crítica, interpretação, etc. I. Título.

24-94992 CDD: 220.6
CDU: 27-273

Gabriela Faray Ferreira Lopes - Bibliotecária - CRB-7/6643

Categoria: Teologia
1ª edição: fevereiro de 2025

Edição
Daniel Faria
Guilherme H. Lorenzetti

Revisão
Ana Luiza Ferreira

Produção e diagramação
Felipe Marques

Colaboração
Gabrielli Casseta

Capa
Douglas Lucas

Publicado no Brasil com todos os direitos reservados por:

Editora Mundo Cristão
Rua Antônio Carlos Tacconi, 69
São Paulo, SP, Brasil
CEP 04810-020
Telefone: (11) 2127-4147
www.mundocristao.com.br

Para Teddy

SUMÁRIO

INTRODUÇÃO

"Este é o registro dos antepassados de Jesus Cristo, descendente de Davi e Abraão" (Mt 1.1). Com essas palavras Mateus inicia o relato de seu Evangelho e, portanto, o Novo Testamento conforme organizado em nossas Bíblias. Se você se interessou por este livro, imagino que esteja buscando um material que o ajude a estudar e compreender melhor o Novo Testamento, a porção da revelação divina composta pelos Evangelhos, o livro de Atos dos Apóstolos, uma série de cartas redigidas pelos apóstolos a diversas comunidades da igreja primitiva e o livro de Apocalipse.

Basicamente, podemos dizer que o Novo Testamento contém os relatos e testemunhos acerca da vida, obra, morte e ressurreição de Jesus. Antes, porém, de iniciarmos nossa caminhada pelos livros propriamente ditos, abordemos um conceito fundamental para a formação do cânon bíblico: a revelação divina.

A REVELAÇÃO DIVINA

Todo labor teológico se dá com base naquilo que Deus escolheu revelar acerca de si mesmo; somente assim podemos não apenas conhecê-lo, mas também adorá-lo: "Ninguém conhece verdadeiramente o Filho, a não ser o Pai, e ninguém conhece verdadeiramente o Pai, a não ser o Filho e aqueles a quem o Filho escolhe revelá-lo" (Mt 11.27). Se dependesse apenas de nossos esforços ou de nossa capacidade intelectual, jamais poderíamos conhecer algo a respeito de Deus: "Se é verdade que o homem pode ter conhecimento de Deus, então, pressupõe-se que Deus voluntariamente escolhe se fazer conhecido para o homem de uma forma ou de outra".[1]

A tradição teológica reformada, com base nas Escrituras, identifica ao menos três maneiras pelas quais Deus se revela à humanidade. A primeira diz respeito à revelação de Deus na natureza, isto é, por meio das coisas criadas, um conceito explorado pelo apóstolo Paulo em sua Carta aos Romanos: "Assim, Deus mostra do céu sua ira contra todos que são pecadores e perversos, que por sua maldade impedem que a verdade seja conhecida. Sabem a verdade a respeito de Deus, pois ele a tornou evidente. Por meio de tudo que ele fez desde a criação do mundo, podem perceber claramente seus atributos invisíveis: seu poder eterno e sua natureza divina" (Rm 1.18-20).[2]

Os reformadores também afirmavam que Deus se revela por meio da consciência humana, ou seja, existe um conhecimento acerca de Deus que é inato ao homem e que lhe dá a capacidade de discernir entre o certo e o errado:

> Para guardar os homens de serem ignorantes a respeito dessas coisas, o Senhor gravou e, por assim dizer, estampou a lei no coração de todos. Mas isso nada é senão a consciência, a qual nos

[1]Herman Bavinck, *As maravilhas de Deus* (Rio de Janeiro/São Paulo: Thomas Nelson Brasil/Pilgrim, 2021), p. 61.

[2]Podemos também recorrer aos salmos a fim de ilustrar esse conceito de uma forma ainda mais bela e poética. Veja o salmo 19, por exemplo: "Os céus proclamam a glória de Deus; o firmamento demonstra a habilidade de suas mãos. Dia após dia, eles continuam a falar; noite após noite, eles o tornam conhecido. Não há som nem palavras, nunca se ouve o que eles dizem. Sua mensagem, porém, chegou a toda a terra, e suas palavras, aos confins do mundo" (Sl 19.1-4).

> testifica interiormente aquelas coisas que devemos a Deus; ela põe diante de nós o bem e o mal, e assim nos acusa e nos condena, cônscios como somos, em nosso íntimo, de que não temos cumprido com nosso dever, como nos convém.[3]

O apóstolo Paulo, também em sua Carta aos Romanos, mostra que a lei divina foi gravada no coração do homem: "Até mesmo os gentios, que não têm a lei escrita, quando obedecem a ela instintivamente, mostram que conhecem a lei, mesmo não a tendo. Demonstram que a lei está gravada em seu coração, pois sua consciência e seus pensamentos os acusam ou lhes dizem que estão agindo corretamente" (Rm 2.14-15).

Esses dois modos pelos quais Deus se revela ao homem — por meio da natureza e da consciência humana — são identificados na teologia como *revelação geral*, uma vez que está disponível a todas as pessoas em todos os tempos. Contudo, a revelação geral é insuficiente para dar ao homem o conhecimento salvífico de Deus. É por isso que Deus escolheu revelar sua vontade e seus propósitos também na forma escrita, por meio de homens escolhidos e inspirados por ele ao longo da história.

Nesse sentido, podemos identificar algumas vantagens da revelação escrita sobre a revelação geral: ela não só contribui para uma melhor preservação e propagação da verdade acerca de Deus e de seus decretos, como também oferece à igreja um recurso mais sólido e autoritativo para lidar com a corrupção da carne e a malícia de Satanás e do mundo. Às Escrituras, nesse contexto, damos o nome de *revelação especial*, imprescindível para que os seres humanos conheçam mais profundamente a Deus e possam relacionar-se com ele.

[3]João Calvino, *Institutas da religião cristã* (São José dos Campos, SP: Fiel, 2018), p. 41.

Sobre o conceito de inspiração, o apóstolo Paulo nos diz que "toda a Escritura é *inspirada* por Deus e útil para nos ensinar o que é verdadeiro" (2Tm 3.16, grifos meus). A palavra grega que Paulo usa nessa passagem é *theopneustos*, que significa "soprado por Deus". Isso quer dizer que o conteúdo da Escritura é proveniente do próprio Deus, como afirmado pelo apóstolo Pedro: "Acima de tudo, saibam que nenhuma profecia nas Escrituras surgiu do entendimento do próprio profeta, nem de iniciativa humana. Esses homens foram impulsionados pelo Espírito Santo e falaram da parte de Deus" (2Pe 1.20-21). Portanto, acreditamos que o Espírito Santo supervisionou todo o processo de escrituração da revelação de tal maneira que tudo o que os autores humanos escreveram é verdadeiro; esses autores, além disso, foram preservados de registrar informações e conceitos errados, seja de natureza geográfica, histórica, moral ou espiritual.

Não significa, porém, que Deus obliterou a mente dos autores e ditou palavra por palavra o que eles deveriam escrever.[4] Deus não desprezou a personalidade, o estilo e a cultura de seus autores. A Bíblia foi formada ao longo de um processo que envolveu a contribuição humana sob a direção divina, a qual impeliu homens falhos, fracos e limitados a produzirem materiais diversos, como o relato da Criação, a história dos patriarcas e do povo de Israel, músicas e poesias, profecias, os testemunhos da vida de Jesus e de sua igreja, cartas e até mesmo um livro que mostra como Deus renovará todas as coisas sob seu governo soberano. Por isso, como cristãos, jamais podemos abrir mão desta verdade: a Bíblia é a própria Palavra de Deus; ela é confiável, autoritativa, infalível e inerrante.

[4]Isso não exclui o fato de que alguns trechos da Bíblia foram ditados por Deus ao homem, como, por exemplo, os Dez Mandamentos (Êx 20.1-17).

Quando falamos sobre inerrância bíblica, não queremos com isso dizer que as traduções da Bíblia para diversos idiomas — incluindo o português — não contenham erros, uma vez que apenas os escritos originais, ou autógrafos, são plenamente íntegros em seu conteúdo. Afirmar a inerrância da Bíblia também não nega que existam variantes entre os cerca de cinco mil manuscritos existentes dos livros bíblicos. Isso é verdade, ainda que grande parte dessas diferenças esteja em porções pequenas e não afete as doutrinas essenciais da fé cristã.

Inerrância também não é sinônimo de que as Escrituras utilizam uma linguagem científica moderna. Ao se referir a fenômenos naturais, por exemplo, os autores bíblicos recorrem a uma linguagem coloquial para descrever o que estavam observando. Perceba como o salmista relata o movimento de rotação da Terra em torno de seu próprio eixo num período de 24 horas: "Deus preparou no céu uma morada para o sol. Dela o sol irrompe como o noivo depois do casamento; alegra-se como o valente guerreiro em seu caminho. O sol nasce numa extremidade do céu e realiza seu trajeto até a outra extremidade; nada pode se esconder de seu calor" (Sl 19.4-6). Isso não quer dizer que a Bíblia defenda o modelo geocêntrico do Universo, ou seja, que o Sol gira em torno da Terra!

A inerrância bíblica também não exclui o fato de que existam passagens de difícil compreensão. O próprio Pedro, discípulo do Senhor Jesus, confessava ter dificuldades para compreender alguns argumentos de um de seus parceiros de ministério apostólico: "E lembrem-se de que a paciência de nosso Senhor permite que as pessoas sejam salvas. Foi isso que nosso amado irmão Paulo lhes escreveu, com a sabedoria que lhe foi concedida. Ele trata dessas questões em todas as suas cartas. Alguns de seus comentários são difíceis de entender, e os ignorantes e instáveis distorceram suas cartas, como fazem com outras partes das Escrituras" (2Pe 3.15-16).

É por isso que precisamos estudar a Bíblia para melhor compreendê-la, e isso inclui o estudo diligente de diversas disciplinas além da teologia, como história, filosofia, gramática, e assim por diante. Mas, como a Bíblia não é fruto apenas da mente humana, enquanto fazemos tudo isso precisamos também orar e pedir que o Espírito ilumine nosso conhecimento à medida que buscamos o sentido do texto e sua aplicação para nossa vida.

A FORMAÇÃO DO CÂNON

A palavra "cânon" deriva de um termo grego que indica uma espécie de vara utilizada como instrumento de medida. Ou seja, o cânon é aquilo que delimita o que é certo e exato. O cânon estabelece os escritos que são divinamente inspirados e que devem ser lidos e respeitados como autoridade para fins de prática e doutrina.

Para os cristãos, o cânon sagrado é composto de 66 livros (39 no Antigo Testamento e 27 no Novo). Não reconhecemos a inspiração divina de nenhum outro tipo de escrito. Como vimos no início desta Introdução, o primeiro versículo do Novo Testamento remete a personagens importantes do Antigo Testamento. De fato, Mateus dedica boa parte do início de seu relato a mostrar a genealogia de Jesus, desde Abraão até José. Isso era especialmente importante para Mateus, pois ele queria mostrar a seus leitores — principalmente judeus — que Jesus era descendente de dois dos principais personagens da tradição judaica: Abraão e Davi. Contudo, ao fazer isso, Mateus também nos mostra que há uma clara continuidade entre os dois Testamentos, cujo elo é o próprio Cristo. Por isso, antes de falarmos da formação do cânon neotestamentário, precisamos fazer como esse Evangelista e voltar nossa atenção por um instante aos 39 livros que compõem o Antigo Testamento.

O CÂNON DO ANTIGO TESTAMENTO

Na linguagem acadêmica, muitos se referem ao Antigo Testamento como *Bíblia hebraica*, expressão apropriada, pois esses 39 livros formam a literatura sagrada do povo judeu. Aliás, na Bíblia utilizada pelos judeus (composta obviamente apenas pelos livros do Antigo Testamento), os livros são organizados de maneira um pouco diferente daquela encontrada na Bíblia cristã. Os judeus organizam seus escritos em três grupos:

- Lei (*torah*): o Pentateuco, ou os cinco livros escritos por Moisés, isto é, Gênesis, Êxodo, Levítico, Números e Deuteronômio.
- Profetas (*nebi'im*): Josué, Juízes, 1 e 2Samuel, 1 e 2Reis, Isaías, Jeremias, Ezequiel e os doze Profetas Menores (Oseias, Joel, Amós, Obadias, Jonas, Miqueias, Naum, Habacuque, Sofonias, Ageu, Zacarias e Malaquias).
- Escritos (*ketuvim*): Salmos, Jó, Provérbios, Rute, Ester, Eclesiastes, Lamentações, Cântico dos Cânticos, 1 e 2Crônicas, Esdras, Neemias e Daniel.

Na época de Jesus e dos apóstolos, os livros do Antigo Testamento já eram considerados Escrituras pelos judeus. Esse processo de organização do cânon veterotestamentário pode ter acontecido durante o cativeiro babilônico, quando os judeus não tinham mais o culto no templo e, assim, surgiu um novo tipo de adoração cujos pilares eram a oração, o cântico dos Salmos e, principalmente, a leitura e o estudo das Escrituras. Os autores do Novo Testamento citam quase todos os livros do cânon hebraico, especialmente Deuteronômio, Salmos e Isaías. Vemos também que os apóstolos, e principalmente Jesus, atribuem um valor canônico a esses escritos:

> Então Jesus disse: "Vocês nunca leram nas Escrituras: 'A pedra que os construtores rejeitaram se tornou a pedra angular. Isso é obra do Senhor e é maravilhosa de ver'?" (Mt 21.42; cf. Sl 118.22-23)

> Deus prometeu as boas-novas muito tempo atrás nas Escrituras Sagradas, por meio de seus profetas. Elas se referem a seu Filho, que, como homem, nasceu da linhagem do rei Davi. (Rm 1.2-3)

> Como dizem as Escrituras: "Ponho em Sião uma pedra angular, escolhida para grande honra; quem confiar nela jamais será envergonhado". (1Pe 2.6; cf. Is 28.16)

> Em seguida, disse: "Enquanto ainda estava com vocês, eu lhes falei que devia se cumprir tudo que a lei de Moisés, os profetas e os salmos diziam a meu respeito". Então ele lhes abriu a mente para que entendessem as Escrituras. (Lc 24.44-45)

> Além disso, temos a mensagem que os profetas proclamaram, que é digna de toda confiança. Prestem muita atenção ao que eles escreveram, pois suas palavras são como lâmpada que ilumina um lugar escuro, até que o dia clareie e a estrela da manhã brilhe no coração de vocês. Acima de tudo, saibam que nenhuma profecia nas Escrituras surgiu do entendimento do próprio profeta, nem de iniciativa humana. Esses homens foram impulsionados pelo Espírito Santo e falaram da parte de Deus. (1Pe 1.19-21)

Esses versículos mostram que os escritos veterotestamentários eram aceitos como Escrituras inspiradas pela comunidade judaica do primeiro século. Mas e quanto à canonicidade do Novo Testamento? O que levou os primeiros cristãos a colocar os escritos dos apóstolos ao lado dos livros da Bíblia hebraica?

O CÂNON DO NOVO TESTAMENTO

Existem nos 27 livros do Novo Testamento evidências que corroboram sua autenticidade e autoridade como Palavra inspirada por Deus. A primeira dessas evidências é que o nascimento, a morte e a ressurreição de Cristo eram o cumprimento das profecias do Antigo Testamento. Mateus é um dos autores mais dedicados a mostrar a seus leitores como os eventos da vida de Jesus cumpriam as profecias antigas:

> Tudo isso aconteceu para cumprir o que o Senhor tinha dito por meio do profeta: "Vejam! A virgem ficará grávida! Ela dará à luz um filho, e o chamarão Emanuel, que significa 'Deus conosco'". (Mt 1.22-23)

> Cumpriu-se, desse modo, o que foi dito por meio do profeta Isaías: "Na terra de Zebulom e Naftali, junto ao mar, além do rio Jordão, na Galileia, onde vivem tantos gentios, o povo que vivia na escuridão viu uma grande luz, e sobre os que viviam na terra onde a morte lança sua sombra, uma luz brilhou". (Mt 4.14-16)

> Cumpriu-se, assim, a profecia de Isaías a seu respeito: "Vejam meu Servo, aquele que escolhi. Ele é meu Amado; nele tenho grande alegria. Porei sobre ele meu Espírito, e ele proclamará justiça às nações". (Mt 12.17-18)

Em segundo lugar, havia o consenso entre a comunidade cristã primitiva de que os apóstolos eram os legítimos sucessores dos profetas e os intérpretes autorizados do Antigo Testamento. Os apóstolos receberam um chamado especial do próprio Jesus. Paulo, por exemplo, defendia assim sua autoridade apostólica: "Eu, Paulo, apóstolo, nomeado não por um grupo de pessoas, nem por alguma autoridade humana, mas pelo próprio Jesus Cristo e por Deus, o Pai, que ressuscitou Jesus dos mortos" (Gl 1.1). Eles também foram testemunhas oculares do ministério público de Jesus (Jo 15.27; 1Jo 1.1-3), ouviram seus ensinos pessoalmente, assistiram a seus milagres e, principalmente, interagiram com o Jesus ressurreto e o viram ascender ao céu — um dos critérios, aliás, para que um novo apóstolo fosse escolhido para ocupar o lugar de Judas Iscariotes entre os Doze: "Agora, portanto, devemos escolher um dentre os homens que estiveram conosco durante todo o tempo em que o Senhor Jesus andou entre nós, desde que ele foi batizado por João até o dia em que foi tirado de nosso meio e elevado ao céu. O escolhido se juntará a nós como testemunha da ressurreição" (At 1.21-22).

Por fim, um último ponto a favor da autoridade apostólica como autores inspirados por Deus é que eles haviam recebido o Espírito Santo. É claro que todo cristão que aceita Jesus como seu Salvador recebe o Espírito Santo, que o convence de seus pecados e aplica em sua vida a mensagem salvífica. No entanto, no que diz respeito ao ministério dos apóstolos, a ação do Espírito sobre esses homens teve um caráter único e extraordinário.

Naquele que é tido por muitos como seu discurso de despedida — registrado apenas no Evangelho de João — Jesus diz a seus discípulos que, em breve, o Espírito Santo viria e os conduziria a toda verdade (Jo 16.12-15). É assim que os apóstolos receberam uma inspiração extraordinária e foram capacitados a lembrar de todo o ensinamento que receberam de Jesus (Jo 14.25-26), a fim de lançarem os alicerces da fé cristã por meio de sua pregação, de seus escritos e de seus *milagres*. A chegada do Espírito Santo sobre os apóstolos no Pentecostes capacitou-lhes a realizar sinais e prodígios:

- Pedro curou um homem aleijado na entrada do templo (At 3.1-10).
- Pessoas eram curadas apenas por terem contato com a sombra de Pedro (At 5.15).

- Pedro curou um paralítico chamado Eneias na cidade de Lida (At 9.32-34).
- Pedro ressuscitou uma discípula chamada Tabita em Jope (At 9.36-43).
- Paulo expulsou um espírito adivinhador de uma jovem em Filipos (At 16.16-18).
- Paulo curou um homem paralítico na cidade de Listra (At 14.8-10).
- Paulo ressuscitou um jovem chamado Êutico em Trôade (At 20.7-12).

Esses são apenas alguns exemplos de milagres realizados pelos apóstolos e narrados no livro de Atos. De acordo com Paulo, esses sinais serviam como uma espécie de credencial de seu ministério e ensino (2Co 12.12), uma lógica que é corroborada pelo autor da Carta aos Hebreus:

> O que nos faz pensar que escaparemos se negligenciarmos essa grande salvação, anunciada primeiramente pelo Senhor e depois transmitida a nós por aqueles que o ouviram falar? E Deus confirmou a mensagem por meio de sinais, maravilhas e diversos milagres, e também por dons do Espírito Santo, conforme sua vontade. (Hb 2.3-4)

Cabe lembrar ainda que, embora a autoridade desses escritos não tenha sido posta em xeque pelos primeiros cristãos, durante principalmente os dois primeiros séculos outros evangelhos, cartas e até mesmo apocalipses foram escritos e exigiram da igreja uma resposta se deveriam ser considerados ou não como Palavra de Deus — ou seja, se deveriam ou não ser incluídos no cânon do Novo Testamento. Alguns desses livros chegaram a ser bem recebidos pelas comunidades cristãs primitivas, mas nunca foram considerados inspirados e infalíveis, pois não atendiam aos quatro critérios essenciais para que um livro fosse tido como canônico:

- *Autoria apostólica*: O livro em questão foi escrito por um apóstolo ou por alguém associado ao grupo dos Doze?
- *Ortodoxia*: Estava de acordo com o ensino dos apóstolos?
- *Catolicidade*: Era utilizado na liturgia das igrejas da época? Possuía aceitação geral dessas comunidades?
- *Antiguidade*: Foi escrito na época dos apóstolos?

São essas, portanto, as evidências que afirmam a autoridade apostólica e canônica dos 27 livros que formam o Novo Testamento.

A IGREJA DEFINIU O CÂNON OU O CÂNON DEFINIU A IGREJA?

A verdade é que o cânon já existia mesmo antes de ser reconhecido como um grupo fechado de livros, uma vez que a autoridade dos 27 livros é evidente — os próprios apóstolos atribuíam um caráter de texto sagrado aos escritos de seus companheiros. Pedro, por exemplo, indica que as cartas de Paulo estão em pé de igualdade com as Escrituras (2Pe 3.15-16). Paulo, em 1Timóteo 5.18, faz referências diretas ao livro de Deuteronômio e ao Evangelho de Lucas e atribui aos dois o *status* de textos inspirados por Deus: “Pois as Escrituras dizem: ‘Não amordacem o boi para impedir que ele coma enquanto debulha os cereais’ [Dt 25.4], e também: ‘Aqueles que trabalham merecem seu salário’ [Lc 10.7]”.

A igreja, portanto, não estabeleceu o cânon — ele foi constituído por Cristo e seus apóstolos. Ela apenas apontou para esses livros, reconheceu sua inspiração e escolheu viver sob a autoridade do ensino que eles contêm. Não havia, até então, qualquer necessidade formal de colocar sobre esses livros uma espécie de selo para atestar sua canonicidade. Contudo, é nesse momento que entram em cena alguns protagonistas das principais controvérsias (na verdade, heresias) do início da era cristã.

O primeiro deles atende pelo nome de Marcião, líder de um movimento herético em Roma que, por volta de 140 d.C., propôs o seu próprio cânon. Para Marcião, a Bíblia deveria conter apenas duas seções: o Evangelho e o Apóstolo, ou seja, uma versão resumida de Lucas e dez cartas escritas por Paulo. A reação da igreja à proposta de Marcião foi enfatizar o caráter normativo dos livros e trechos excluídos por ele; crescia assim a conscientização da necessidade da oficialização do cânon do Novo Testamento.

Anos depois, surgiu mais um grupo herético, o montanismo. Montano, seu fundador, alegava que seus escritos também eram inspirados pelo Espírito Santo. Eusébio agiu como um dos porta-vozes da igreja — e do próprio Deus — ao combater essa heresia: "À doutrina do Novo Testamento, ninguém que tenha resolvido viver de acordo com o evangelho pode acrescentar ou retirar coisa alguma"[5] — ou seja, o período da revelação havia encerrado e já não era possível acrescentar novos escritos àquilo que viria a ser o Novo Testamento como o conhecemos hoje.

Havia ainda mais uma ameaça: o gnosticismo. Esse movimento representou uma grave ameaça à igreja, pois defendia um dualismo entre a matéria e o espírito — para os gnósticos, a matéria era má e inferior às coisas espirituais, portanto Jesus ter um corpo físico era algo inconcebível. Isso contestava diretamente o ensino dos apóstolos (1Jo 1.1-2).

Diante de tantas e sérias ameaças, a igreja viu a necessidade de distinguir os escritos canônicos daqueles produzidos por

[5]Gregg R. Allison, *Teologia histórica: Uma introdução ao desenvolvimento da doutrina cristã* (São Paulo: Vida Nova, 2017), p. 51.

movimentos heréticos. Ao final do segundo século, as expressões "Antigo Testamento" e "Novo Testamento" já eram amplamente utilizadas na igreja. O processo de canonização do Novo Testamento passou por várias etapas, mas acabou sendo consolidado no final do século 4, mais precisamente em 367, quando Atanásio escreveu e distribuiu sua *Trigésima nona epístola (Pascal)*,[6] que identifica como canônicos os 27 livros como hoje são conhecidos por todos os cristãos. Menos de trinta anos depois, essa lista de Atanásio foi endossada pelo Concílio de Hipona.

Assunto encerrado? Bem, nem tanto... O cânon bíblico ainda sofreria mais alterações anos adiante, no século 16, após a Reforma Protestante. Esse movimento iniciado por Martinho Lutero em 1517 não passaria despercebido pela Igreja Católica Romana, que iniciou um processo de Contrarreforma (ou Reforma Católica), culminando no Concílio de Trento. Realizado em três fases entre 1545 e 1563, esse concílio expressou as posições de Roma acerca das doutrinas questionadas pelos reformadores, e mais uma vez, o cânon entrou em debate. O Concílio de Trento decretou não somente que a Vulgata, tradução latina da Bíblia feita por Jerônimo, seria a versão oficial das Escrituras, mas também que haveria sete livros a mais no Antigo Testamento (presentes na tradução de Jerônimo): Tobias, Judite, 1 e 2Macabeus, Baruque, Sabedoria e Eclesiástico. Esses e outros livros (1 e 2Esdras, Baruque, Bel e o Dragão, etc.) são considerados apócrifos, pois nunca foram aceitos pela tradição judaica como canônicos ao lado da Lei, dos Profetas e dos Escritos.

De forma bem resumida, fizemos um *tour* pela história para entender como o Novo Testamento — e na verdade toda a Palavra

[6] Atanásio era o bispo de Alexandria, no Egito, e cabia a ele definir a data da Páscoa anualmente. Essa data era comunicada às igrejas via cartas. Nessa carta, do ano 367, Atanásio também enviou a lista oficial do cânon neotestamentário.

de Deus — chegou até nós. Para nós, herdeiros da Reforma Protestante, "a autoridade da Escritura Sagrada, razão pela qual deve ser crida e obedecida, não depende do testemunho de qualquer homem ou igreja, mas depende somente de Deus que é o seu autor; tem, portanto, de ser recebida, porque é a palavra de Deus".[7] É por isso que, diante de outras religiões ou seitas que buscam estabelecer diferentes fontes de autoridade para a Palavra de Deus (o islamismo afirma que o Alcorão foi revelado a Maomé pelo anjo Gabriel; os Testemunhas de Jeová têm como sagrados os textos de Charles Taze Russel; os Adventistas creem que os escritos de Ellen White são inspirados) continuamos a bradar: *Sola Scriptura*, somente a Escritura!

Para nós, contudo, o *sola Scriptura* não pode ser apenas um slogan bonito, ou uma frase usada em camisetas. Existem implicações sérias quando afirmamos que a Bíblia é infalível, inspirada e autoritativa. Primeiro, podemos confiar plenamente em tudo o que Bíblia diz, pois ela é a Palavra de Deus. Em consequência disso, devemos nos submeter a sua autoridade e guiar nossas decisões com base em seus ensinamentos, promessas e encorajamentos. Por fim, podemos anunciar o evangelho com convicção, sabendo que Deus honrará sua própria Palavra.

O CONTEXTO HISTÓRICO DO NOVO TESTAMENTO

Até este momento, tratamos da formação do cânon, mas não podemos esquecer que, além de infalível e inerrante, os escritos

[7]Confissão de Fé de Westminster, cap. I, parágrafo IV, disponível em: <https://www.monergismo.com/textos/credos/cfw.htm>. A Confissão de Westminster, entre outras, foram elaboradas pelos reformados a partir do século 16. Elas não são inspiradas nem infalíveis, e não possuem a mesma autoridade que a Escritura. Sua finalidade é o evangelismo, a apologética, o discipulado e o esclarecimento.

do Novo Testamento também são documentos históricos, no sentido de que foram produzidos em um período específico, em uma cultura com acontecimentos e personagens particulares. Lucas, por exemplo, ao iniciar seu Evangelho, tem o objetivo de localizar seu leitor no tempo: "Depois de investigar tudo detalhadamente desde o início, também decidi escrever-lhe um relato preciso, excelentíssimo Teófilo. [...] Quando Herodes era rei da Judeia, havia um sacerdote chamado Zacarias, que fazia parte do grupo sacerdotal de Abias" (Lc 1.3,5).[8]

Assim, ao ler as primeiras páginas do Novo Testamento, o leitor notará que o contexto histórico do povo de Israel descrito pelos autores é totalmente diferente do que é narrado no Antigo Testamento. Catorze gerações já haviam passado desde o exílio babilônico (Mt 1.17); entram em cena as sinagogas e os mestres da lei (os fariseus e os saduceus); o Império Romano domina a região da Palestina. Muitas dessas novidades vieram à tona ou foram consolidadas no período interbíblico (ou intertestamentário), o intervalo de aproximadamente quatrocentos anos de silêncio entre a voz profética de Malaquias e o início de pregação de João Batista.[9] Apesar de nenhum escrito inspirado ter aparecido durante esses anos, uma grande quantidade de literatura foi produzida pelos judeus. Esses livros, como já vimos, são chamados de apócrifos e tratam principalmente dos mitos e da história da nação judaica. Foi um período também muito

[8]Lucas demonstra essa preocupação em outras partes do seu relato, como em Lucas 3.1-2: "Era o décimo quinto ano do reinado do imperador Tibério César. Pôncio Pilatos era governador da Judeia; Herodes Antipas governava a Galileia; seu irmão Filipe governava a Itureia e Traconites; Lisânias governava Abilene; e Anás e Caifás eram os sumos sacerdotes. Nesse ano, veio uma mensagem de Deus a João, filho de Zacarias, que vivia no deserto".

[9]Muitas edições da Bíblia costumam ilustrar esse silêncio com uma página em branco que é inserida entre os dois Testamentos.

prolífico em eventos e personagens históricos que mudaram a configuração do poder mundial daquela época.

Relembremos que os babilônios, responsáveis pelo exílio de Judá em 586 a.C. (Jr 25.11-12; 29.10; 2Cr 36.20,21), foram derrotados em 539 a.C. pelo império persa, poder que dominava o mundo no período do final do Antigo Testamento (aliás, é Ciro, um rei persa, que permite a Israel retornar à sua terra a fim de reconstruir o templo). Então, por volta de 330 a.C., o poder muda de mão mais uma vez, e é sob a liderança de Alexandre, o Grande, que os gregos derrotam os persas e estendem seu domínio por toda a região. Esse domínio não se manifestava apenas por meio de poderio militar e político. Alexandre queria também disseminar a cultura helênica e o idioma grego, o que tem implicações tanto para o Antigo quanto para o Novo Testamento. Sob o domínio grego, foi produzida a Septuaginta, tradução grega dos livros veterotestamentários. Além disso, o grego foi tão disseminado que se tornou a "língua oficial" do tempo dos apóstolos (algo semelhante ao inglês em nossos dias). Por isso, também, todo o Novo Testamento foi escrito em grego.

Após a morte prematura de Alexandre, seu império foi dividido entre quatro de seus principais generais, e dois deles têm importância fundamental para a sequência da nossa história: Ptolomeu e Selêuco. O primeiro general e seus sucessores reinaram sobre a Judeia de 312 a 200 a.C., um tempo marcado por alguma paz e prosperidade para os judeus. Por volta de 198 a.C., porém, o controle da Palestina passou para as mãos do império selêucida, que buscava espalhar o helenismo por todos os seus territórios. Durante o reinado de Antioco Epifânio IV, o sacerdócio passou a ser um cargo que poderia ser comercializado e não mais uma posição ligada à linhagem sacerdotal. Isso gerou certa comoção entre os judeus e obrigou Antíoco a intervir duramente para impor sua ordem. Antíoco destruiu o altar do templo e construiu em seu lugar um altar destinado ao culto a Zeus. Também proibiu a leitura da Torá e ordenou que cessassem os sacrifícios, a circuncisão e a observância do sábado. Um movimento de resistência foi iniciado por um sacerdote já idoso chamado Matatias, que faleceu logo após acender a fagulha revolucionária. A rebelião então foi herdada por seu filho, Judas, também chamado Macabeu, que liderou os rebeldes em muitas vitórias: ele conquistou Jerusalém, purificou o templo e retomou o culto — por um período, os judeus voltavam a desfrutar de autonomia em sua própria terra e história.[10] Os Macabeus reinaram sobre a Judeia por aproximadamente um século (164-63 a.C).

No entanto, com o passar dos anos, a linhagem dos Macabeus foi sendo corrompida pelo poder, e seus governantes passaram a ser tão déspotas quanto os inimigos contra os quais se rebelaram. A dinastia dos Macabeus chega ao fim em 63 a.C., quando o general romano Pompeu marcha sobre Jerusalém e conquista a cidade.

A narrativa do NT se desenrola sob o governo do Império Romano. Nos tempos de Jesus, o domínio romano se manifestava de diversas formas, tanto militar quanto econômica. Os judeus precisavam pagar tributos à Roma e tiveram de se acostumar com a presença contínua de soldados em seu meio (Mt 8.5-13; Lc 3.14; At 10.1-2; 21.31-32), uma espécie de lembrete contínuo de que eram oprimidos por um domínio externo. É diante desse cenário nada favorável que o Espírito profético da parte de Deus volta a soprar em Israel por meio das palavras de João Batista: "Arrependam-se, pois o reino dos céus está próximo". A pregação de João Batista apontava para alguém maior do que ele mesmo: "Depois de mim virá alguém mais poderoso que eu, alguém tão superior

[10]Esses acontecimentos são relatados principalmente em 1*Macabeus*, um dos livros apócrifos do Antigo Testamento.

que não sou digno de me abaixar e desamarrar as correias de suas sandálias. Eu os batizo com água, mas ele os batizará com o Espírito Santo!" (Mc 1.7-8).

Os Evangelhos relatam a vida e o ministério de Jesus, e é por eles também que iniciaremos nossa jornada, livro a livro, pelo Novo Testamento.

MATEUS

Tudo isso aconteceu para
cumprir o que o Senhor tinha
dito por meio do profeta:
"Vejam! A virgem ficará grávida!
Ela dará à luz um filho, e o
chamarão Emanuel, que significa
'Deus conosco'".

MATEUS 1.22-23

TEMAS E CARACTERÍSTICAS CENTRAIS

- As profecias messiânicas se cumprem na pessoa e obra de Jesus.
- O reino de Deus é inaugurado com o nascimento de Jesus.
- O evangelho é para todos os povos e nações.
- A igreja é a comunidade dos seguidores de Jesus.

INTRODUÇÃO

Os Evangelhos (Mateus, Marcos, Lucas e João) estão para o Novo Testamento como o livro de Gênesis está para o Antigo. São livros que inauguram uma porção das Escrituras e mostram Deus agindo de forma direta na história: Gênesis apresenta Deus como o Criador soberano de todas as coisas, e os Evangelistas narram como Deus se fez homem.

Os Evangelhos também são uma categoria peculiar entre os escritos neotestamentários, uma vez que narram os acontecimentos da vida de Jesus, como seu nascimento, ministério, morte e ressurreição. De maneira simples, poderíamos identificá-los como biografias, mas não uma biografia no sentido moderno, em que cada detalhe da vida do biografado é destrinchado à exaustão. Na verdade, esses livros do cânon são uma biografia teológica, pois buscam mostrar a seus leitores, por meio de acontecimentos selecionados, que Jesus é o Messias, o Filho de Deus (Jo 20.30-31). Aliás, o nome desse gênero literário está diretamente relacionado a seu propósito: a palavra "evangelho" deriva do grego *euaggelion*, que significa "boas-novas". Eis, então, o objetivo dos Evangelhos: anunciar as boas-novas acerca de Jesus a partir da narrativa de sua vida e de seus ensinos.

Atualmente, a opinião majoritária entre os estudiosos é que Mateus e Lucas usaram o relato de Marcos como uma espécie de esboço, um ponto de partida, e depois foram acrescentando seu próprio material. Esses três Evangelhos são chamados de Sinóticos (*syn*, "junto" + *opsis*, "ver"), pois, quando vistos em conjunto, apresentam muitas similaridades entre si. Observe, por exemplo, como os três Evangelistas descrevem o início do ministério profético de João Batista:[11]

MATEUS 3.1-3	MARCOS 1.1-3	LUCAS 3.1-3
Naqueles dias, João Batista apareceu no deserto da Judeia e começou a anunciar a seguinte mensagem: "Arrependam-se, pois o reino dos céus está próximo". O profeta Isaías se referia a João quando disse: "Ele é uma voz que clama no deserto: 'Preparem o caminho para a vinda do Senhor! Abram a estrada para ele!'".	Este é o princípio das boas-novas a respeito de Jesus Cristo, o Filho de Deus. Iniciou-se como o profeta Isaías escreveu: "Envio meu mensageiro adiante de ti, e ele preparará teu caminho. Ele é uma voz que clama no deserto: 'Preparem o caminho para a vinda do Senhor! Abram a estrada para ele!'".	Era o décimo quinto ano do reinado do imperador Tibério César. Pôncio Pilatos era governador da Judeia; Herodes Antipas governava a Galileia; seu irmão Filipe governava a Itureia e Traconites; e Lisânias governava Abilene. Anás e Caifás eram os sumos sacerdotes. Nesse ano, veio uma mensagem de Deus a João, filho de Zacarias, que vivia no deserto. João percorreu os arredores do rio Jordão, pregando o batismo como sinal de arrependimento para o perdão dos pecados.

[11] Outros episódios importantes do ministério de Jesus que são relatados em todos os Sinóticos: a tentação de Jesus no deserto (Mt 4.1-11; Mc 1.12-13; Lc 4.1-13), o chamado dos primeiros discípulos (Mt 4.18-22; Mc 1.16-20; Lc 5.1-11), a cura da sogra de Pedro (Mt 8.14-15; Mc 1.29-31; Lc 4.38-39), a multiplicação dos pães e peixes (Mt 14.13-21; Mc 6.30-44; Lc 9.10-17), a confissão de Pedro (Mt 16.13-20; Mc 8.27-30; Lc 9.18-20), a transfiguração de Jesus (Mt 17.1-13; Mc 9.2-13; Lc 9.28-36), a entrada triunfal de Jesus em Jerusalém (Mt 21.1-11; Mc 11.1-11; Lc 19.28-44), a Última Ceia (Mt 26.17-30; Mc 14.12-26; Lc 22.7-23).

Os Sinóticos, contudo, não são idênticos. Há diferenças significativas em seus relatos, uma vez que foram escritos para diferentes audiências e com propósitos distintos — Mateus, por exemplo, escreve para os judeus, ao passo que Lucas constrói seu relato tendo os gentios em mente.

AUTORIA E DATA

Os Evangelhos, diferentemente da maioria das epístolas, não identificam de maneira explícita seu autor. Contudo, tanto a tradição da igreja quanto estudiosos da Bíblia afirmam que Mateus (também conhecido como Levi), um dos apóstolos de Jesus, é o autor do Evangelho que leva seu nome. Mateus era um cobrador de impostos da cidade de Cafarnaum que largou seu trabalho ao receber o chamado de Jesus para segui-lo. Aparentemente, sentiu-se tão feliz com esse convite que ofereceu um banquete em sua casa para Jesus, do qual participaram os outros discípulos e muitos cobradores de impostos. No entanto, "quando os fariseus viram isso, perguntaram aos discípulos: 'Por que o seu mestre come com cobradores de impostos e pecadores?'" (Mt 9.11). Essa reação dos fariseus pode ser explicada pelo fato de os cobradores de impostos serem vistos na sociedade como traidores, pois não só trabalhavam para os romanos, mas também exigiam juros exorbitantes do povo a fim de garantir seu próprio sustento.

Mateus também foi testemunha ocular dos milagres de Jesus e um ouvinte bem atento dos ensinamentos e discursos de seu Mestre. Seu Evangelho reúne cinco grandes discursos de Jesus: o Sermão do Monte (5—7); o sermão preparatório para o envio dos discípulos (cap. 10); o sermão escatológico (24—25); uma compilação de parábolas (cap. 13); e um longo discurso sobre como os crentes deveriam se relacionar entre si (cap. 18). Mateus também viu o Senhor ressurreto, com quem esteve por quarenta dias, e o viu ascender aos céus. Após o Pentecostes, pouco sabemos sobre seu labor apostólico; a tradição da igreja afirma que ele pregou o evangelho no Oriente, principalmente na região da Mesopotâmia, e morreu de causas naturais.

Usando as evidências do próprio texto, não há como provar de fato a autoria de Mateus, mas é possível perceber claramente que seu autor era um judeu convertido à fé em Cristo. Fica nítido, ao longo de seu relato, que o autor conhecia bem as Escrituras judaicas e usa esse conhecimento para demonstrar aos leitores que Jesus era o cumprimento de várias profecias do Antigo Testamento. Por exemplo:

> Cumpriu-se, assim, o que o Senhor tinha dito por meio do profeta: "Do Egito chamei meu filho". (2.15)

> Cumpriu-se, desse modo, o que foi dito por meio do profeta Isaías: "Na terra de Zebulom e Naftali, junto ao mar, além do rio Jordão, na Galileia, onde vivem tantos gentios, o povo que vivia na escuridão viu uma grande luz, e sobre os que viviam na terra onde a morte lança sua sombra, uma luz brilhou". (4.14)

> Cumpriu-se, desse modo, o que foi dito pelo profeta Isaías: "Levou sobre si nossas enfermidades e removeu nossas doenças". (8.17)

Já as evidências externas são mais contundentes em favor da autoria de Mateus. Os Pais da Igreja o consideravam o autor legítimo desse Evangelho. Em citação registrada por Eusébio de Cesareia, no século 4, em sua *História eclesiástica*, Papias, um dos líderes da igreja no segundo século, afirma que "Mateus compôs seu Evangelho na língua hebraica [ou aramaica] e todos o traduziram como puderam". Apesar disso, não existe nenhum manuscrito do Evangelho de Mateus em hebraico ou aramaico; todas as cópias que foram preservadas estão em grego, a língua corrente da época. Curiosamente, um dos principais argumentos em favor da autoria de Mateus está no fato de que esse apóstolo não é um dos que mais se destacam nos relatos dos próprios Evangelhos. Afinal, se alguém no primeiro século quisesse escrever um relato fantasioso sobre Jesus e atribuir autoridade a esse escrito, escolheria como pseudônimo apóstolos mais proeminentes, como Pedro, Tiago ou João, e não um ex-cobrador de impostos.

Quanto à data em que o Evangelho foi escrito, convém recorrer a uma passagem-chave. Em Mateus 24.1-2, lemos:

> Quando Jesus saía da área do templo, seus discípulos lhe chamaram a atenção para as diversas construções do edifício. Ele, porém, disse: "Estão vendo todas estas construções? Eu lhes digo a verdade: elas serão completamente demolidas. Não restará pedra sobre pedra!".

Jesus está falando a seus discípulos sobre a destruição de Jerusalém pelos romanos, o que aconteceu no ano 70 d.C. O argumento de teólogos liberais, que não acreditam em profecias nem em que a Bíblia tenha sido inspirada por Deus, é que essa passagem sinaliza um caso de *vaticinia ex evento*, ou seja, essas palavras teriam sido atribuídas a Jesus após a destruição de Jerusalém e do templo por Roma. Mas, uma vez que não compartilhamos do pensamento liberal e, pelo contrário, cremos que o Senhor Jesus de fato profetizou a queda de Jerusalém, então esse Evangelho foi escrito em alguma data antes do ano 70. Ireneu, um dos pais da igreja do segundo século, declarou em *Contra as heresias* que Mateus compôs seu relato "enquanto Pedro e Paulo pregavam o evangelho e fundavam a igreja em Roma", e como esses dois apóstolos foram martirizados por volta do ano 67, tudo indica que o Evangelho foi escrito em meados da década de 60.

DESTINATÁRIOS, OCASIÃO E PROPÓSITO

Como já observamos, Mateus escreveu seu Evangelho para judeus que haviam se convertido à fé cristã e também para judeus em geral. Ele conhecia muito bem as Escrituras e a cultura judaica e fez uso constante do Antigo Testamento para provar à sua audiência que Jesus era o Messias esperado por Israel. Mateus é o único Evangelista que inicia seu relato a partir de uma genealogia de Jesus visando demonstrar que ele era descendente direto de Davi e de Abraão, dois dos personagens mais importantes para a história do povo judeu. Jesus era o cumprimento das promessas feitas aos patriarcas de que Deus abençoaria todas as nações (Gn 12.1-3). Essa era uma notícia e tanto, e Mateus queria compartilhá-la com todos os judeus, incluindo os da Dispersão, aqueles que não moravam na região da Palestina e, por isso, não tinham o hebraico e o aramaico como idioma oficial. Esses judeus passaram a adotar o grego, a língua corrente da época, e o idioma usado por Mateus para compor seu Evangelho.

Enquanto Mateus escrevia seu relato, um conflito crescia entre judeus e judeus convertidos à fé em Cristo. O primeiro grupo não acreditava que Jesus era, de fato, o Messias de Israel, e é por isso que a igreja incipiente precisava de argumentos que provassem a messianidade de Jesus. Contudo, em pelo menos um ponto os dois grupos pareciam concordar: eles duvidavam que o evangelho, as boas-novas acerca do Messias judeu, deveria ser compartilhado com os gentios. De forma brilhante, Mateus entretece sua narrativa procurando lidar com todas essas questões e mostrar como a vida de Jesus cumpre com exatidão as profecias messiânicas, além de lembrar a seus leitores que aqueles que creem no Messias devem segui-lo mesmo que sofram perseguição. Mateus mostra ainda que a infidelidade do povo de Israel fez com que a primazia do reino lhes fosse tirada e estendida também aos gentios. Por fim, ao registrar com detalhes muitos discursos e ensinos de Jesus, Mateus ofereceu à igreja primitiva um material precioso para o discipulado.

PASSAGENS DE DIFÍCIL INTERPRETAÇÃO

Contudo, mesmo com todo o esforço didático de seu autor, esse Evangelho apresenta algumas passagens que precisam ser analisadas mais detidamente. A primeira delas está logo no início do Evangelho: "A família foi morar numa cidade chamada Nazaré, cumprindo-se, desse modo, o que os profetas haviam dito, que Jesus seria chamado nazareno" (2.23). Acontece que nenhum texto do Antigo Testamento apresenta essa afirmação atribuída aos profetas. Aqui, Mateus pode estar fazendo uma espécie de trocadilho, um jogo de palavras com o termo hebraico *nēṣer*, que significa "ramo" e é um dos títulos messiânicos usado pelo profeta Isaías (Is 11.1), ou ainda pode se tratar de uma alusão à palavra *nāzîr*, que pode ser traduzida como "príncipe" e aparece em passagens como Gênesis 49.26 e Deuteronômio 33.16. Outra explicação é que o Evangelista usa o adjetivo "nazareno" para se referir a alguém de um lugar insignificante e de pouca reputação (Jo 1.46), de acordo com a profecia de que o Servo do Senhor seria desprezado e tido em baixa estima (Is 53.2-3).

Outra passagem difícil é conhecida como *a cláusula petrina*: "Agora eu lhe digo que você é Pedro, e sobre esta pedra edificarei minha igreja, e as forças da morte não a conquistarão. Eu lhe darei as chaves do reino dos céus. O que você ligar na terra terá sido ligado no céu, e o que você desligar na terra terá sido desligado no céu" (16.18-19). Esses versículos têm sido usados por séculos pela Igreja Católica Romana para fundamentar o ofício do papa como um sucessor do apóstolo Pedro. A correta interpretação dessa passagem veio no século 16, por parte dos reformadores.

Nomes como Lutero e Calvino lembraram que a pedra sobre a qual Cristo edificaria sua igreja não era Pedro, mas sim a confissão do discípulo a respeito da pessoa de Jesus alguns versículos antes: "O senhor é o Cristo, o Filho do Deus vivo!" (16.16). Essa é a rocha, não Pedro! Aliás, ele estava longe de ser alguém cuja fé era inabalável — logo após afirmar que Jesus era o Cristo, Pedro buscou dissuadi-lo de morrer na cruz, e a resposta de Jesus não poderia ter sido mais contundente: "Jesus se voltou para Pedro e disse: 'Afaste-se de mim, Satanás! Você é uma pedra de tropeço para mim. Considera as coisas apenas do ponto de vista humano, e não da perspectiva de Deus'" (16.23).

ESBOÇO

Mateus estrutura seu Evangelho a partir do movimento geográfico de Jesus durante seu ministério, desde a fase inicial na Galileia até sua morte em Jerusalém. Além disso, o autor também agrupa seu relato ao redor de cinco principais discursos e sermões de Jesus:

Apresentando Jesus (1.1 — 4.16)

- **1.1-17:** A ancestralidade de Jesus, o Messias
- **1.18—2.23:** Escritura cumprida no nascimento e infância de Jesus, o Messias
- **3.1-17:** João Batista e Jesus
- **4.1-16:** Teste e preparação

Ministério público na Galileia e arredores (4.17—16.20)

- **4.17-25:** Introdução ao ministério público
- **5.1—7.29:** Primeiro discurso — Sermão do Monte
- **8.1—9.34:** Uma seleção dos milagres de Jesus
- **9.35—10.42:** Segundo discurso — A missão dos discípulos
- **11.1—12.50:** Reações diversas ao ministério público de Jesus
- **13.1-52:** Terceiro discurso — Ensino em parábolas
- **13.53—16.20:** Outras reações ao ministério público de Jesus

Ministério privado na Galileia; preparando os discípulos (16.21—18.35)

16.21—17.27: O ensino sobre a missão de Jesus
18.1-35: Quarto discurso — As relações entre os discípulos

Ministério na Judeia (19.1—25.46)

19.1—20.34: A caminho de Jerusalém
21.1-22: Chegada em Jerusalém
21.23—23.39: Controvérsias com os líderes judeus
24.1—25.46: Quinto discurso — Sermão escatológico

Morte e ressurreição (26.1—28.20)

26.1-46: Preparação para a Paixão
26.47—27.26: Prisão e julgamento
27.27-56: Crucificação
27.57—28.20: Sepultamento, ressurreição e comissão

COMO LER MATEUS

- Consciente de estar diante da Palavra inspirada de Deus.
- Atento às menções das profecias do Antigo Testamento que se cumprem em Jesus.
- Em gratidão pelos ensinamentos de Jesus registrados por Mateus.

MARCOS

Quando o oficial romano que estava diante dele viu como ele havia morrido, exclamou: "Este homem era verdadeiramente o Filho de Deus!"

MARCOS 15.39

TEMAS E CARACTERÍSTICAS CENTRAIS

- O mais sucinto dos Evangelhos.
- Descrição vívida do ministério de Jesus, enfatizando mais o que Jesus fez do que disse.
- Drama vívido e veloz, cujo momento apoteótico é a cruz.
- Franqueza em relação à falta de entendimento dos discípulos.

INTRODUÇÃO

Marcos é o segundo Evangelho na ordem canônica e, apesar de ser o menor relato acerca do ministério de Jesus, apresenta características peculiares, como o foco dado às ações e não aos discursos de Jesus. Esse Evangelista também é muito dinâmico em sua narrativa, transportando seus leitores de um acontecimento a outro por meio do uso frequente (mais de quarenta vezes) do advérbio grego *euthus*, "imediatamente". Além desses dois pontos, acredita-se que Marcos tenha sido o primeiro Evangelho a ser escrito, servindo de fonte para os relatos posteriores de Lucas e Mateus.

Esse Evangelho também se destaca por sua elevada cristologia, ou seja, o estudo sobre a pessoa, a obra e a identidade de Jesus. Marcos queria deixar claro para seus leitores, logo de início, a identidade divina de Jesus, algo que ele faz literalmente no primeiro versículo: "Este é o princípio das boas-novas a respeito de Jesus Cristo, o *Filho de Deus*" (1.1). Contudo, Marcos sabia que não bastava afirmar essa verdade a seus leitores: era preciso mostrá-la. Ao longo desse Evangelho, vemos que Jesus tem poder para curar todo tipo de doenças (1.29-34; 6.53-56), expulsar demônios (1.34; 5.1-20), perdoar pecados (2.10) e até mesmo acalmar uma tempestade (4.35-41). De forma irônica, a pergunta dos discípulos após este último milagre ("Quem é este homem? Até o vento e o mar lhe obedecem!") é respondida por um oficial romano ao ver Jesus morrer: "Este homem era verdadeiramente o Filho de Deus!" (15.39).

Ao mesmo tempo que fornece provas incontestáveis da divindade de Cristo, Marcos revela também que Jesus buscou ocultar sua identidade daqueles que, certamente, não compreenderiam seu ministério:

> E, sempre que o viam, os espíritos impuros se atiravam no chão na frente dele e gritavam: "Você é o Filho de Deus!". Jesus, porém, lhes dava ordens severas para que não revelassem quem ele era. (3.11-12)

> Jesus ordenou à multidão que não contasse a ninguém, mas, quanto mais ele os proibia, mais divulgavam o que havia acontecido. Estavam muito admirados e diziam repetidamente: "Tudo que ele faz é maravilhoso! Ele até faz o surdo ouvir e o mudo falar!". (7.36-37)

Os estudiosos chamam isso de "o segredo messiânico", recurso utilizado por Jesus para não permitir que pessoas ou grupos se apoderassem da verdade acerca de sua identidade visando outros fins — os zelotes, por exemplo, poderiam proclamá-lo rei para libertar Israel do jugo político e militar de Roma.

No entanto, Marcos não apresenta Jesus apenas como o Filho de Deus. Jesus também é descrito como o "Filho do Homem", título mais utilizado por Jesus para descrever a si próprio (2.10,28; 8.31,38; 9.31; 10.33,45). O sentido desse título é debatido pelos teólogos, mas duas alternativas se destacam. É bem provável que Jesus estivesse fazendo uma alusão à visão messiânica de Daniel, afirmando assim que ele era o cumprimento desta profecia:

> Depois, em minha visão naquela noite, vi alguém semelhante a um *filho de homem* vindo com as nuvens do céu. Ele se aproximou

> do Ancião e foi conduzido à sua presença. Recebeu autoridade, honra e soberania, para que povos de todas as raças, nações e línguas lhe obedecessem. Seu domínio é eterno; não terá fim. Seu reino jamais será destruído. (Dn 7.13-14)

Além disso, esse título poderia se referir à natureza humana de Jesus. Marcos menciona as emoções humanas de Cristo ao longo de sua narrativa: compaixão (1.41), ira e tristeza (3.5), cansaço e necessidade de dormir (4.38), amor (10.21), entre outras. É assim que Marcos nos apresenta Jesus: verdadeiro Deus e verdadeiro homem.

AUTORIA E DATA

Marcos morava em Jerusalém com sua mãe, Maria, e muitos acreditam que foi na casa deles que Jesus celebrou sua última Páscoa com os discípulos. O pai de Marcos não é mencionado na Bíblia — pelo menos não seu pai biológico. Pedro o chama de "filho" (1Pe 5.13), o que pode significar que esse apóstolo apresentou Marcos à fé cristã. O Evangelista também era primo de Barnabé (Cl 4.10), um grau de parentesco que o levou a ter contato próximo com outro apóstolo. Ele acompanhou Paulo e Barnabé na primeira viagem missionária da dupla (At 13.5), mas, por razões desconhecidas, abandonou a equipe missionária e voltou a Jerusalém (At 13.13), o que certamente desagradou a Paulo. Contudo, esse fato não impediu que os dois trabalhassem juntos anos depois: Marcos fazia parte da equipe ministerial de Paulo durante a prisão do apóstolo em Roma (2Tm 4.11). Aparentemente, após a morte de Paulo, Marcos passou a trabalhar com Pedro, a principal fonte para as informações desse Evangelho. É impressionante notar como Deus preparou aquele que haveria de escrever esse Evangelho: Marcos certamente conheceu Jesus em Jerusalém e caminhou com os principais líderes apostólicos.

Assim como os outros Evangelhos, Marcos é um relato anônimo. No entanto, há um detalhe curioso em sua narrativa, talvez uma tentativa de o Evangelista fazer uma referência indireta a si mesmo na história. Quando Jesus é preso, todos o abandonam, porém um jovem se destaca entre os fujões:

> Então todos o abandonaram e fugiram. Um jovem que os seguia vestia apenas um lençol de linho. Quando a multidão tentou agarrá-lo, ele deixou para trás o lençol e escapou nu. (14.51-52)

Dentre todos os Evangelistas, Marcos é o único a relatar esse evento aparentemente insignificante, a não ser que isso fosse importante, de alguma forma, para seu autor. Apesar de ser algo, de fato, curioso, trata-se apenas de especulação — tudo o que sabemos é que Marcos não se identifica diretamente como o autor. Mesmo assim, Pais da Igreja do segundo século (Papias, Justino Mártir, Ireneu e Clemente de Alexandria) atribuíram a João Marcos a autoria desse Evangelho, que provavelmente foi escrito na década de 60 d.C., mais precisamente entre 64 e 65, datas estimadas para a morte de Pedro por ordem do imperador romano Nero.

DESTINATÁRIOS, OCASIÃO E PROPÓSITO

Apesar da perseguição atroz do Império Romano aos cristãos, a hipótese mais aceita é que Marcos escreveu seu relato enquanto morava em Roma e para os cristãos gentios que moravam na capital do império.[1] Marcos demonstra cuidado especial com seus

[1] "Aquela que está na Babilônia, escolhida assim como vocês, lhes envia saudações, e também meu filho Marcos" (1Pe 5.13). É bem provável que "Babilônia" aqui seja uma referência a Roma, ou seja, Marcos realmente estava naquela cidade quando Pedro ainda estava vivo.

leitores e faz questão de explicar-lhes alguns traços da tradição judaica e traduzir algumas palavras em aramaico:

> Pois todos os judeus, sobretudo os fariseus, não comem sem antes lavar cuidadosamente as mãos, como exige a tradição dos líderes religiosos. Quando chegam do mercado, não comem coisa alguma sem antes mergulhar as mãos em água. Essa é apenas uma das muitas tradições às quais se apegam, como a lavagem de copos, jarras e panelas. (7.3-4)

> Segurando-a pela mão, disse-lhe: "*Talita cumi!*", que quer dizer "Menina, levante-se!". (5.41)

> Olhando para o céu, suspirou e disse: "*Efatá!*", que significa "Abra-se!". No mesmo instante, o homem passou a ouvir perfeitamente; sua língua ficou livre, e ele começou a falar com clareza. (7.34-35)

> Levaram Jesus a um lugar chamado Gólgota, que quer dizer "Lugar da Caveira". (15.22)

Esses detalhes mostram que Marcos escreveu com um propósito evangelístico em mente. Mas como apresentar um Messias crucificado e aparentemente fraco a um povo que estimava tanto o poder? A estratégia de Marcos foi justamente mostrar a seus leitores como o sofrimento de Jesus, sua vergonha na cruz e sua morte, revelam, na verdade, sua glória e sua vitória final.

A cruz e o caminho que Jesus percorreu até ela são centrais nesse Evangelho, e talvez seja por isso que Marcos omite detalhes do nascimento e da infância de Jesus e dedica metade de seu relato a suas últimas três semanas de vida e ministério. Como resume o teólogo e erudito Robert Gundry, o Evangelho de Marcos é "uma apologia da cruz de Cristo, escrito com propósitos evangelísticos, para pessoas que tinham receio de crer, num mundo onde a fraqueza era desprezada, e o poder estimado".[2]

PASSAGENS DE DIFÍCIL INTERPRETAÇÃO

Embora não haja nenhum problema ou erro doutrinário em Marcos 16.9-20, em alguns manuscritos mais antigos o Evangelho se encerra muito antes, no versículo 8: "Trêmulas e desnorteadas, as mulheres fugiram do túmulo e não disseram coisa alguma a ninguém, pois estavam assustadas demais". Para adicionar uma camada extra de dificuldade no entendimento desse final, outros documentos antigos acrescentam, logo após o versículo 8, aquilo que é chamado de *final menor*: "Então, informaram tudo isso brevemente a Pedro e seus companheiros. Depois, o próprio Jesus os enviou de leste a oeste com a sagrada e incorruptível mensagem da salvação que dá vida eterna. Amém". Já a maioria dos manuscritos, ainda que mais recentes, traz os versículos de 9-20.

A discussão pode ser assim resumida: nos manuscritos mais antigos, mais próximos cronologicamente de sua fonte primária, Marcos termina no versículo 8; já na maioria dos manuscritos, principalmente a partir do século 5, aparecem os versículos de 9-20.

Os estudiosos são quase unânimes ao afirmar que o "final menor" não é canônico. Contudo, muitos especialistas evangélicos e conservadores defendem que Marcos deve terminar no versículo 8, enquanto outros biblistas apontam para a genuinidade do final mais extenso.

Essa polêmica se torna especialmente aguçada em nossos dias pelo fato de que Marcos 16.17-18 talvez seja o principal texto usado pelos promotores do movimento neopentecostal para defender toda sorte de experiência como o cumprimento

[2]Robert H. Gundry, *Mark: A Commentary on His Apology for the Cross* (Grand Rapids: Wm. B. Eerdmans, 1992), p. 1026.

da promessa: "Os seguintes sinais acompanharão aqueles que crerem...", o que pode levar muitos eruditos a questionar a autenticidade do final estendido de Marcos, no intuito de evitar excessos. A verdade é que, mesmo que a passagem seja original, ela não está ensinando que todos os dons sempre haveriam de acompanhar a todos os que cressem.

Também precisamos ser honestos e dizer que não podemos ter absoluta certeza da autoria do final estendido. É possível (e até provável) que Marcos não o tenha escrito. Mas nada nos impediria de aceitar que Deus pudesse ter inspirado outra pessoa, quem sabe até ligada a Marcos (um discípulo?), para adicionar um final adequado ao Evangelho, uma vez que esses versículos não contêm nada que conflite com o Evangelho de Marcos e com os demais Evangelhos.

Minha conclusão é que podemos continuar usando e pregando Marcos 16.9-20, pois não há qualquer evidência definitiva de que esse texto não fizesse parte do original. Por outro lado, como estudiosos das Escrituras, devemos estar conscientes dos problemas que cercam a passagem e, portanto, usá-la com critério.

ESBOÇO

A fim de compor seu relato, os Evangelistas poderiam seguir várias opções de estrutura — tópicos, ordem cronológica ou até mesmo um fluxo de movimento geográfico, mostrando o início do ministério de Jesus na Galileia descendo até Jerusalém. A meu ver, os Sinóticos (Mateus, Marcos e Lucas) seguem o critério geográfico, razão pela qual também o utilizo para apresentar o esboço a seguir:

O início do ministério de Jesus (1.1-13)

- **1.1-8:** Seu precursor
- **1.9-11:** Seu batismo
- **1.12-13:** Sua tentação

O ministério de Jesus na Galileia (1.14—6.29)

1.14—3.12: O ministério inicial na Galileia
3.16—6.29: O ministério posterior na Galileia

Ministério em outras localidades, partindo da Galileia (6.30—9.32)

6.30-52: Nas praias orientais do mar da Galileia
6.53—7.23: Nas praias ocidentais do mar da Galileia
7.24-30: Na Fenícia
7.31—8.10: Em Decápolis
8.11—9.32: Nas regiões de Cesareia de Felipe

Ministério final na Galileia (9.33-50)

Ministério na Judeia e Pereia (cap. 10)

10.1-12: Ensino sobre o divórcio
10.13-16: Ensino sobre as crianças
10.17-31: O jovem rico
10.32-34: Jesus prediz sua morte
10.35-45: O pedido dos dois irmãos
10.46-52: A cura do cego Bartimeu

A Paixão de Jesus (11—15)

11.1-11: A entrada triunfal
11.12-19: A purificação do templo
11.20—12.44: Controvérsias finais com líderes judeus
13.1-37: O sermão escatológico no monte das Oliveiras
14.1-11: Jesus é ungido
14.12—15-47: Prisão, julgamento e morte de Jesus

A ressurreição de Jesus (cap. 16)

COMO LER MARCOS

- Atento ao tema da chegada do reino de Deus — elemento central de Marcos.
- Com uma disposição renovada para a importância do discipulado (Mc 8.34).
- Ciente de que Jesus é Senhor sobre a natureza, sobre os demônios e sobre a morte.

LUCAS

Sim, está escrito que o Cristo
haveria de sofrer, morrer
e ressuscitar no terceiro
dia, e que a mensagem
de arrependimento para o
perdão dos pecados seria
proclamada com a autoridade
de seu nome a todas as
nações.

LUCAS 24.46-47

TEMAS E CARACTERÍSTICAS CENTRAIS

- Destaque para a ação do Espírito Santo.
- Jesus como Salvador dos pecadores, dos excluídos e dos gentios.
- Vida e obra de Jesus e a expansão da igreja cristã como cumprimento das promessas dos antigos profetas de Israel.
- O grego de Lucas é um dos melhores do Novo Testamento, com um vocabulário extenso e rico.

INTRODUÇÃO

Diferentemente de Mateus e Marcos, Lucas inicia seu Evangelho explicando a seus leitores qual foi sua metodologia para compor seu relato. Ele se propôs "investigar tudo detalhadamente desde o início" (1.3) e consultou diversas fontes a sua disposição, isto é, pessoas "que, desde o princípio, foram testemunhas oculares e servos da palavra" (1.2). A quantidade e qualidade das fontes e o trabalho minucioso de Lucas em pesquisar em detalhes os fatos acerca da vida de Jesus resultaram em uma obra em dois volumes: o Evangelho de Lucas e o livro de Atos dos Apóstolos.

Entre as fontes consultadas pelo Evangelista, estavam os próprios apóstolos, como Paulo, de quem Lucas se tornou companheiro de viagem — a partir de Atos 16, percebemos que Lucas e Paulo passaram a viajar juntos, o que pode ser inferido pela utilização de vários verbos na primeira pessoa do plural: "Então *decidimos* partir de imediato para a Macedônia, concluindo que Deus nos havia chamado para anunciar ali as boas-novas" (At 16.10).[3]

[3]Paulo também menciona Lucas em algumas de suas cartas: "Lucas, o médico amado, lhes envia saudações, assim como Demas" (Cl 4.14); "Marcos, Aristarco, Demas e Lucas, meus colaboradores, também enviam saudações" (Fm 1.24); "Apenas Lucas está comigo. Traga Marcos com você, pois ele me será útil no ministério" (2Tm 4.11).

Convém notar também como a descrição de Lucas na Última Ceia reproduz quase palavra por palavra a versão de Paulo registrada em 1Coríntios 11.23-26, deixando clara a fonte do Evangelista.

Contudo, Paulo não foi sua única referência. Muitos estudiosos acreditam que Lucas recorreu aos Evangelhos de Marcos e Mateus, além de outras fontes escritas do primeiro século contendo os ensinos de Jesus e que eram utilizadas pelos crentes em suas reuniões. Lucas também apresenta material único. Somente em seu Evangelho encontramos, por exemplo, as parábolas do filho perdido (15.11-32) e do fariseu e cobrador de impostos (18.9-14). Além disso, seu Evangelho permanece como nossa única fonte fidedigna de fatos envolvendo o nascimento de João Batista e a infância de Jesus. Nos dois primeiros capítulos vemos o nascimento de João Batista predito por um anjo, a apresentação de Jesus no templo e até mesmo Jesus, aos doze anos de idade, maravilhando os mestres da lei no templo com seu conhecimento. Lucas deixou ainda registrado para a posteridade dois cânticos maravilhosos, um de Maria (1.46-55) e outro de Zacarias (1.67-79).

Com tanta informação compilada sobre Jesus e a igreja, Lucas resolveu fazer uma narrativa não só para benefício de seu destinatário, Teófilo, mas para toda a igreja cristã no mundo em todos os tempos.

AUTORIA E DATA

Desde muito cedo, a tradição da igreja atribuiu a Lucas, o "médico amado", a autoria desse Evangelho. No que diz respeito às evidências externas, o cânon muratoriano, datado de 170 d.C., traz a seguinte afirmação: "Lucas é o autor do Evangelho e dos Atos de todos os apóstolos". Já Eusébio, em sua *História eclesiástica*, apresenta uma lista de fontes que corrobora a autoria lucana, o que também é comprovado pelas evidências internas, isto é, as características do próprio texto que apontam para seu autor.

Como mencionado pelo apóstolo Paulo, Lucas era um médico (Cl 4.14), o que explica o uso de vocabulário técnico em algumas passagens:

> Depois de sair da sinagoga naquele dia, Jesus foi à casa de Simão, onde encontrou a sogra dele muito doente, com *febre alta*. (4.38)

> Uma mulher no meio do povo sofria havia doze anos de uma *hemorragia*, sem encontrar cura. Ela se aproximou por trás de Jesus e tocou na borda de seu manto. No mesmo instante, a *hemorragia* parou. (8.43-44).

> Foi até ele, *tratou de seus ferimentos com óleo e vinho e os enfaixou*. (10.34)

> Estava ali um homem com o *corpo muito inchado*. (14.2)

É bem provável que os Evangelhos de Marcos e Mateus já estivessem em circulação quando Lucas escreveu seu relato, e o "médico amado", como bom pesquisador, também buscou corroborar o que havia lido com outras testemunhas orais (1.1). Diante da quantidade de informações reunidas, é curioso que o relato de Atos termine quase que de forma abrupta e sem registros de fatos importantes que ocorreram naquele período: o grande incêndio em Roma e a perseguição aos cristãos (64 d.C.), o martírio de Pedro e Paulo (provavelmente em 67) e a destruição de Jerusalém (70). Na verdade, a obra Lucas—Atos termina com Paulo preso em Roma, porém pregando o evangelho com toda liberdade. Alguns acreditam que essa, portanto, é a data limite para Lucas ter escrito sua obra, isto é, o início da década de 60, época da primeira prisão de Paulo.

Entretanto, há também a hipótese de que o objetivo de Lucas pode ter sido apenas narrar os fatos históricos que culminaram na chegada do evangelho em Roma, a capital do império, e não narrar a vida de Paulo até sua morte. Nesse sentido, uma data em torno do ano 70, pouco depois da destruição de Jerusalém, é considerada razoável. O argumento mais forte usado a esse favor é que Lucas interpreta as palavras de Jesus no sermão escatológico de Mateus e Marcos, apresentando uma perspectiva pós-acontecimento:

MARCOS 13.14	MATEUS 24.15-16	LUCAS 21.20-21
Chegará o dia em que vocês verão a "terrível profanação" no lugar onde não deveria estar. (Leitor, preste atenção!) Então, quem estiver na Judeia, fuja para os montes.	Chegará o dia em que vocês verão aquilo de que o profeta Daniel falou, a "terrível profanação" que será colocada no lugar santo. (Leitor, preste atenção!) Quem estiver na Judeia, fuja para os montes.	E, *quando virem Jerusalém cercada de exércitos*, saberão que chegou a hora de sua destruição. Então, quem estiver na Judeia, fuja para os montes.

É por isso que, para muitos estudiosos conservadores, uma data em torno de 70 para Lucas—Atos é razoável e aceitável.

DESTINATÁRIOS, OCASIÃO E PROPÓSITO

Assim como em todos os Evangelhos, Lucas não menciona diretamente que ele é o autor do livro. Entretanto, diferentemente dos demais Evangelistas, Lucas faz questão, logo no início, de registrar para quem ele está escrevendo sua obra: um cristão chamado Teófilo, a quem Lucas chama de "excelentíssimo", expressão usada para se referir a nobres e autoridades romanas (At 23.26; 24.3; 26.25) — algo como "Sua Excelência" em nossos dias.[4]

Provavelmente, Teófilo era um recém-convertido que possuía recursos financeiros e teria, portanto, condições de reproduzir e multiplicar o relato escrito de Lucas entre os cristãos da época. Teófilo agiria como uma espécie de patrocinador de Lucas, tanto para as cópias quanto para a distribuição de seu Evangelho, uma vez que Lucas, certamente, buscava atingir um público maior do que apenas Teófilo.

Lucas não era judeu. Possivelmente, foi um gentio convertido ao judaísmo antes de conhecer a Cristo, o que explicaria sua familiaridade com ambos os mundos, o judaico e o gentílico. O fato de Lucas buscar atingir uma audiência gentílica fica claro em várias passagens nas quais ele faz questão de explicar certos detalhes da geografia da região da Palestina e de alguns costumes judaicos, informações que seriam desnecessárias para um público judeu.

> No sexto mês da gestação de Isabel, Deus enviou o anjo Gabriel a Nazaré, *uma cidade da Galileia*, a uma virgem de nome Maria. (1.26)

> Então chegaram à região dos gadarenos, *do outro lado do mar da Galileia*. (8.26)

> A Festa dos Pães sem Fermento, *também chamada de Páscoa*, se aproximava. (22.1)

> Naquele mesmo dia, dois dos seguidores de Jesus caminhavam para o povoado de Emaús, *a onze quilômetros de Jerusalém*. (24.13)

[4]Muitos estudiosos questionam esse fato e acham que Lucas escreveu para uma comunidade cristã, chamando-a de "amiga de Deus" (*Theos + philos*) a fim de protegê-la das perseguições. Nada há, contudo, que nos impeça seriamente de tomar Teófilo como uma pessoa.

Isso mostra que o alcance do Evangelho não é limitado por ter sido escrito inicialmente para um indivíduo. Ele foi escrito para fortalecer todos os crentes e defendê-los dos ataques feitos contra o cristianismo no primeiro século, especialmente em ambiente gentílico. Ao mostrar que o cristianismo se baseia em fatos históricos, Lucas buscou não apenas discipular Teófilo, mas também ajudar a comunidade cristã gentílica a enfrentar a hostilidade do mundo pagão.

PASSAGENS DE DIFÍCIL INTERPRETAÇÃO

A principal dificuldade na leitura de Lucas está em harmonizar sua genealogia de Jesus (3.23-38) com a genealogia apresentada por Mateus (Mt 1.1-17). Nota-se algumas divergências de nomes nas duas listas, principalmente a partir de um personagem histórico de Israel, o rei Davi. Mateus, por exemplo, afirma que "Davi gerou Salomão, cuja mãe foi Bate-Seba, viúva de Urias" (Mt 1.6); já Lucas, ao mencionar Davi, diz que "Mená era filho de Matatá. Matatá era filho de Natã. Natã era filho de Davi" (3.31). Fica claro nessa comparação que, a partir de Davi, Mateus segue a genealogia por Salomão, enquanto Lucas opta por ligar Jesus a outro filho de Davi, ou seja, Natã. Existem, basicamente duas interpretações para essa disparidade. Alguns afirmam que Lucas traça a genealogia de Jesus através da linhagem de Maria, enquanto Mateus o faz a partir de José. Outros defendem que Lucas traça a linhagem dinástica de Davi, enquanto Mateus opta pela linhagem sanguínea, ainda que os pormenores da diferença não sejam tão bem delineados.

Outra grande diferença entre as duas genealogias é seu ponto de partida. Mateus começa a listar os antepassados de Jesus a partir de Abraão, enquanto Lucas liga Jesus até Adão. Isso tem muito a ver com uma característica marcante do relato de Lucas, que, em seu Evangelho, parece construir uma teologia da história da salvação baseada na realização histórica de profecias das Escrituras judaicas. Por isso, ao remontar sua genealogia até a Criação, Lucas mostra que Cristo é o cumprimento da promessa feita ainda no Éden de que um descendente da mulher esmagaria a cabeça da serpente (Gn 3.15). Ao traçar a ascendência de Jesus até "Adão, o filho de Deus", Lucas destaca o significado universal do ministério de Jesus: ele não veio apenas para os judeus, mas para toda a humanidade.

Apesar das diferenças entre as genealogias, o importante é que em ambas é possível vincular Jesus à linhagem de Davi, Judá, Jacó, Isaque e Abraão, provando assim que Cristo cumpriu plenamente as alianças abraâmica e davídica.

ESBOÇO

Elaborar um esboço do Evangelho de Lucas é particularmente desafiador, uma vez que o autor afirma a Teófilo que pretende fazer "um relato preciso" (1.3) dos fatos. No entanto, Lucas não segue consistentemente uma ordem cronológica ou geográfica, como Mateus e Marcos, dos quais Lucas diverge substancialmente algumas vezes. Assim, permanece um mistério o critério que o Evangelista usou para esboçar sua obra.

De qualquer forma, para fins didáticos, proponho aqui uma divisão que leva em conta o deslocamento de Jesus ao longo de seu ministério: da Galileia até Jerusalém:

Prólogo (1.1-4)

Nascimento e crescimento de Cristo, o Senhor (1.5—2.52)

1.5-80: A preparação do nascimento
2.1-40: O nascimento do Senhor
2.41-52: Crescimento do Senhor: no templo durante a Páscoa

O ministério de Jesus na Galileia (3.1—9.50)

- **3.1-22:** Pregação e batismo de João
- **3.22-38:** A genealogia de Jesus
- **4.1-13:** A tentação de Jesus
- **4.14-30:** Rejeição em casa
- **4.31—5.16:** Sinais de poder salvador
- **5.17—6.11:** Controvérsia com os fariseus
- **6.12-49:** Proclamando o reino
- **7.1-50:** Sinais do reino
- **8.1-21:** Pregando o reino: agir de acordo com a palavra proclamada
- **8.22—9.17:** Poder para salvar dos inimigos
- **9.18-50:** Voltando-se para Jerusalém e para o sofrimento

A viagem de Jesus a Jerusalém (9.51—19.27)

- **9.51—13.21:** Começando em direção a Jerusalém
- **13.22—17.10:** Continuando em direção a Jerusalém
- **17.11—19.10:** Ainda em direção a Jerusalém
- **19.11-27:** Perto de Jerusalém: a demora do reino

O ministério de Jesus em Jerusalém (19.28—21.38)

- **19.28-48:** Entrada de Jesus: esplendor real e julgamento divino
- **20.1—21.4:** Controvérsias com os líderes judeus
- **21.5-38:** Discurso sobre o julgamento vindouro

O sofrimento de Jesus em Jerusalém (22.1—23.56)

- **22.1-39:** Preparativos para o sofrimento
- **22.39—23.25:** Prisão e julgamento
- **23.26-49:** Crucificação
- **23.50-56:** Sepultamento

A ressurreição do Senhor (24.1-53)

- **24.1-12:** No túmulo: anjos lembram as mulheres das palavras de Jesus
- **24.13-35:** A caminho de Emaús: Escrituras abertas aos discípulos abatidos
- **24.36-49:** Em Jerusalém: o Senhor prova sua ressurreição e expõe as Escrituras
- **24.50-53:** Em direção a Betânia: ascensão e expectativa

COMO LER LUCAS

- Cotejando Lucas com Mateus e Marcos, para perceber suas diferenças e semelhanças.
- Atento ao que Lucas apresenta acerca do caráter salvífico da vida e das obras de Jesus.
- Em oração para que Deus nos dê uma vida cheia do Espírito Santo.

JOÃO

Os discípulos viram Jesus fazer muitos outros sinais além dos que se encontram registrados neste livro. Estes, porém, estão registrados para que vocês creiam que Jesus é o Cristo, o Filho de Deus, e para que, crendo nele, tenham vida pelo poder do seu nome.

JOÃO 20.30-31

TEMAS E CARACTERÍSTICAS CENTRAIS

- Conteúdo significativamente diferente dos demais Evangelhos.
- Longos e profundos discursos de Jesus.
- Relato estruturado em torno de oito sinais de Jesus, começando com a transformação da água em vinho (2.1-11) e culminando com sua ressurreição (20.1-31).
- O amor de Deus: "Porque Deus amou tanto o mundo que deu seu Filho único, para que todo o que nele crer não pereça, mas tenha a vida eterna" (3.16).

INTRODUÇÃO

Clemente de Alexandria, um dos Pais da Igreja do terceiro século, certa vez escreveu que João, por já conhecer os demais Evangelhos, optou por escrever uma narrativa "mais espiritual", com características e estilo diferentes dos Sinóticos. Obviamente, isso não quer dizer que o apóstolo inventou novos fatos e eventos sobre Jesus a fim de que seu relato contivesse histórias inéditas; o próprio João, na verdade, faz questão de avisar a seus leitores que foi fiel a tudo o que presenciou: "Este é o discípulo que dá testemunho destes acontecimentos e que os registrou aqui. E sabemos que seu relato é fiel" (21.24).

Mesmo assim, ao lermos esse Evangelho, fica nítida sua diferença dos demais. Enquanto Mateus e Lucas apresentam uma genealogia que liga Jesus a personagens históricos de Israel como Abraão e Davi, João traça, já nos primeiros versículos, uma genealogia que remete a um período anterior ao tempo, antes mesmo que tudo viesse a existir, quando "aquele que é a Palavra já existia" (1.1).

Além disso, João não narra, por exemplo, acontecimentos como a Transfiguração e a instituição da Ceia do Senhor, e ao longo de seu relato não vemos Jesus expulsando nenhum demônio. Podemos dizer que a ausência desses materiais é, de certa forma, "compensada" por relatos que só se encontram nesse Evangelho. Entre outros episódios, João é o único a descrever a ressurreição de Lázaro (cap. 11) e a apresentar as sete famosas afirmações que Jesus faz acerca de si mesmo usando a expressão "Eu sou":

- "Eu sou o pão da vida" (6.35);
- "Eu sou a luz do mundo" (8.12);
- "Eu sou a porta das ovelhas" (10.7);
- "Eu sou o bom pastor" (10.11);
- "Eu sou a ressurreição e a vida" (11.25);
- "Eu sou o caminho, a verdade e a vida" (14.6);
- "Eu sou a videira verdadeira" (15.1).

João também incluiu em seu Evangelho uma série de discursos de Jesus (destaque para o chamado "Discurso de despedida", 14—17), bem como seus debates (uns tranquilos, outros mais inflamados) com líderes judaicos da época (caps. 5; 8, 10; 12).

De certa forma, essas diferenças podem ser explicadas pelo foco de João sobre o ministério realizado por Jesus nas regiões da Judeia e de Jerusalém, enquanto boa parte dos acontecimentos relatados nos Sinóticos ocorreu na Galileia.

Entretanto, existem também semelhanças entre João e os relatos dos Sinóticos. Os quatro Evangelhos seguem uma estrutura bastante semelhante, começando pelo batismo de João Batista, passando pelo ministério de Jesus em Jerusalém e na Galileia, seu tempo em Jerusalém, a promessa do Espírito Santo, sua traição, morte, ressurreição e as aparições aos discípulos. Essa semelhança estrutural está longe de ser coincidência. Os Evangelhos canônicos são orquestrados dessa forma pois tinham um objetivo comum: apresentar Jesus como o Filho de Deus, o Salvador do mundo que promete vida eterna e perdão aos que nele creem e que prepara seus discípulos para irem ao mundo anunciar as boas-novas.

Entre semelhanças e diferenças, fica claro que os Evangelhos tratam da mesma pessoa e buscam difundir a mesma mensagem de salvação, e é por isso que foram aceitos pela igreja, desde muito cedo, como sendo inspirados por Deus.

AUTORIA E DATA

Assim como os outros Evangelhos, em João não fica explícita sua autoria. Contudo, o apóstolo deixou pistas sutis que apontam para si próprio como o autor do Evangelho. Por duas vezes ao longo de seu relato, ele se refere a si mesmo como "o discípulo a quem Jesus amava" (13.23; 19.36). A princípio, isso pode levar alguns a pensar que João tinha um pensamento muito elevado acerca de si mesmo, mas não era esse o caso: João optou por apresentar-se pela honra maior de sua vida, que era se saber amado pelo Filho de Deus. João também confere credibilidade a seu relato afirmando que havia testemunhado pessoalmente tudo aquilo sobre o que estava escrevendo — ele faz questão de dizer que havia sido testemunha ocular do ministério de Jesus (19.35; 21.24).

O fato de que o autor do Evangelho era um judeu fica explícito também pelo conhecimento que ele demonstra da cultura e dos costumes judaicos, bem como da geografia da região da Palestina do primeiro século. João se refere, por exemplo, aos rituais de purificação (2.6), à contaminação cerimonial relativa à preparação para a Páscoa (19.31) e à legislação sobre o sábado (6.10). Seu conhecimento sobre a região também se manifesta em detalhes, como saber, por exemplo, que cidades como Enom e Salim eram próximas (3.23) e a localização exata do tanque de Betesda, em Jerusalém (5.1-2). Foram essas evidências que levaram a tradição da igreja, ainda nos primeiros séculos, a atribuir a autoria desse Evangelho a João, irmão de Tiago e filho de Zebedeu.

É provável que João tenha escrito seu Evangelho depois dos Sinóticos e por volta da década de 90 d.C. Curiosamente, são outros escritos do Novo Testamento que nos ajudam na definição dessa data provável: as três cartas escritas por João. Nessas epístolas, João busca combater uma forma incipiente de gnosticismo, uma heresia que havia crescido e se tornado uma ameaça ao cristianismo justamente por volta do final do primeiro século.[5] Outra característica importante dessas cartas é que elas foram escritas para leitores que já acreditavam que Jesus era o Filho de Deus, o que sugere que sua redação se deu depois do Evangelho, com seu forte propósito evangelístico.

DESTINATÁRIOS, OCASIÃO E PROPÓSITO

João declara seu propósito para escrever o Evangelho já quase no fim de seu relato, logo após o encontro de Jesus com Tomé:

> Os discípulos viram Jesus fazer muitos outros sinais além dos que se encontram registrados neste livro. Estes, porém, estão registrados para que vocês creiam que Jesus é o Cristo, o Filho de Deus, e para que, crendo nele, tenham vida pelo poder do seu nome. (20.30-31)

Em outras palavras, João escreveu para que seus leitores *cressem*. Há um forte propósito evangelístico em seu texto, principalmente visando judeus de fala grega que estavam dispersos pelo mundo. Essas pessoas possuíam uma forte esperança messiânica,

[5] Os gnósticos defendiam, entre outras coisas, que Jesus não teria tido um corpo humano verdadeiro. Para mais informações, ver capítulo sobre 1, 2 e 3João.

e João queria mostrar-lhes que essa espera por um Messias havia sido finalmente satisfeita em Jesus, o Messias não só de Israel mas do mundo inteiro.

Quando João fala dos sinais que "estão registrados" em seu Evangelho, está se referindo mais precisamente a oito milagres feitos por Jesus que apontavam para uma realidade superior a eles mesmos mostrando que Jesus, de fato, era o próprio Deus — ou, para usar as palavras do próprio apóstolo em seu prólogo, "a Palavra se tornou ser humano, carne e osso, e habitou entre nós" (1.14). Esses são os sinais registrados em João:

- Jesus transforma a água em vinho (2.1-11).
- Jesus cura o filho de um oficial (4.43-54).
- Jesus cura um homem deficiente no tanque de Betesda (5.1-15).
- Jesus alimenta cinco mil pessoas (6.1-14).
- Jesus anda sobre as águas (6.16-21).
- Jesus cura um cego de nascença (6.16-21).
- Jesus ressuscita Lázaro (11.1-44).
- O próprio Jesus ressuscita dentre os mortos (20.1-31).

Esses sinais também são indicativos de que, além do propósito evangelístico, João tinha em mente ajudar os cristãos a se defenderem de ataques dos judeus que consideravam blasfêmia a afirmação de que Jesus era o Filho de Deus. Nesse sentido, os oito sinais adquirem um caráter apologético, provando por meio das ações e dos milagres de Jesus que as afirmações contundentes de João em seu prólogo eram, de fato, verdadeiras.

PASSAGENS DE DIFÍCIL INTERPRETAÇÃO

Uma das passagens mais difíceis de João relata, curiosamente, um episódio descrito por todos os quatro Evangelistas: Jesus purificando o templo. Na cronologia dos Sinóticos, esse episódio acontece quase no fim do ministério terreno de Jesus, em sua última visita a Jerusalém (Mt 21.12-13; Mc 11.15-19; Lc 19.45-48), logo após sua entrada triunfante na Cidade Santa.

Contudo, em João esse episódio é descrito após Jesus transformar a água em vinho em Caná, ou seja, no começo de seu ministério. Como em muitos dilemas encontrados na Bíblia, não temos uma explicação que seja perfeitamente absoluta. Ainda assim, existem duas explicações plausíveis que podemos dar a essa aparente discrepância cronológica entre os Evangelhos.

A primeira delas afirma que Jesus, na verdade, realizou duas vezes a purificação do templo, uma no começo (João) e outra no fim de seu ministério (Sinóticos). Já outra possibilidade afirma que só houve um episódio de purificação e que ocorreu no final do ministério de Cristo; João, porém, optou por relatar isso no início de seu Evangelho para deixar claro, desde o início, que Jesus era o Senhor do templo e o reformador da religião de Israel.

Existe outro problema textual relacionado ao Evangelho de João: a passagem sobre a mulher flagrada em adultério que é levada até Jesus (8.1-11). Esse trecho não consta nos manuscritos mais antigos de João, mas aparece na maioria dos manuscritos mais recentes. Mesmo que a história não tenha sido escrita por João, ou seja, tenha sido inserida posteriormente por algum escriba, ela está em perfeito acordo com o caráter moral, santo e gracioso de Jesus que encontramos no restante do Evangelho de João e em todo o Novo Testamento.

ESBOÇO

Existem diversas formas de propor um esboço, seja de João ou de qualquer outro livro da Bíblia. Muitos estudiosos dividem esse Evangelho em torno das sete afirmações “Eu Sou”, de Jesus, opção totalmente válida. Aqui, proponho uma estrutura que progride a partir dos oito sinais de Jesus, uma vez que é por intermédio desses milagres que João busca cumprir o propósito declarado no prólogo de seu relato, isto é, apresentar Jesus como a Palavra que se fez carne.

Em seu Evangelho João atrela a esses sinais discursos de Jesus e até seus embates com as autoridades religiosas, que, dessa maneira, servem para explicar a identidade de Cristo e sua missão. Após curar um homem paralítico junto ao tanque de Betesda, Jesus fala sobre sua autoridade; e, depois de ressuscitar Lázaro, vemos a conspiração dos líderes judeus com o intuito de matar Jesus. Nesse episódio, de maneira até mesmo irônica, João mostra que esses líderes entenderam perfeitamente o propósito do seu Evangelho ("Sem dúvida, este homem realiza muitos sinais. Se permitirmos que continue assim, logo todos crerão nele"; 11.47-48) e da vida e obra de Cristo ("Não percebem que é melhor para vocês que um homem morra pelo povo"; 11.50).

Prólogo: a Palavra tornou-se carne (1.1-18)

A autorrevelação de Jesus em palavras e ações (1.19—10.42)

1.19-51: Prelúdio do ministério público de Jesus

2.1—4.54: O ministério: sinais, obras e palavras

Primeiro sinal: água em vinho (2.1-11)

Segundo sinal: cura do filho de um oficial (4.43-54)

5.1—8.11: Oposição crescente: mais sinais, obras e palavras

Terceiro sinal: cura do deficiente no tanque de Betesda (5.1-15)

Quarto sinal: alimentar os cinco mil (6.1-14)

Quinto sinal: andar sobre as águas (6.16-21)

8.12—10.42: Confrontação radical: obras e palavras

Sexto sinal: cura de um cego de nascença (9.1-12)

Transição: vida e morte, Rei e Servo sofredor (11.1—12.50)

11.1-16: A morte de Lázaro

Sétimo sinal: a ressurreição de Lázaro (11.17-44)

11.45-54: A decisão judicial de matar Jesus

11.55—12.36: Morte iminente

12.37-50: Teologia da incredulidade

A autorrevelação de Jesus em sua morte e ressurreição (13.1—20.31)

13.1-30: A Última Ceia
13.31—16.33: O discurso de despedida
17.1-26: A oração de Jesus
18.1—19.42: O julgamento e a Paixão de Jesus
Oitavo sinal: a ressurreição de Jesus (20.1-31)

Epílogo (21.1-25)

21.1-14: Jesus e a pesca milagrosa
21.15-25: Jesus restabelece Pedro

COMO LER JOÃO

- Em oração, pedindo a Deus que possamos crer que Jesus é o Filho de Deus e, assim, ter vida eterna em seu nome.
- Com o coração aberto para ter um encontro com aquele que é a Palavra de Deus encarnada.
- Lembrando que a vida, o ministério e as obras de Jesus eram tão profundos que Deus separou quatro relatos para que pudéssemos ter uma visão mais ampla de seu Filho.

ATOS DOS APÓSTOLOS

Vocês receberão poder
quando o Espírito Santo
descer sobre vocês, e serão
minhas testemunhas em
toda parte: em Jerusalém,
em toda a Judeia, em
Samaria e nos lugares mais
distantes da terra.

ATOS 1.8

TEMAS E CARACTERÍSTICAS CENTRAIS

- Espécie de "segundo volume" do Evangelho de Lucas.
- O progresso geográfico do evangelho, de Jerusalém até Roma.
- Fornece o contexto histórico para muitas das cartas do apóstolo Paulo.
- A história dos primeiros 35 anos da igreja primitiva.

INTRODUÇÃO

"Em meu primeiro livro, relatei a você, Teófilo, tudo que Jesus começou a fazer e a ensinar" (1.1). É assim que Lucas inicia o livro de Atos — ou, de certa forma, é assim que ele continua seu Evangelho. Atos narra a história dos primórdios do cristianismo, da ressurreição e ascensão de Jesus até a época em que o apóstolo Paulo se viu preso em Roma, pregando as boas-novas "sem restrição alguma" (28.31).

Além de fornecer a Teófilo um breve resumo do que já havia descrito em seu Evangelho (1.1-4), Lucas também aproveita para deixar claro o objetivo de seu segundo relato, um objetivo explicado pelo próprio Jesus: "Vocês serão minhas testemunhas em toda parte: em Jerusalém, em toda a Judeia, em Samaria e nos lugares mais distantes da terra" (1.8). Em Atos, a geografia exerce papel de centralidade: Lucas procura mostrar a seus leitores a expansão da pregação acerca de Cristo, desde Jerusalém até o coração do Império Romano. Atos também serve como uma espécie de mapa para as cartas e para o ministério de Paulo, pois podemos dizer com segurança que, não fosse por Lucas, a igreja hoje saberia muito pouco sobre a conversão e o trabalho missionário de Paulo. O livro nos conta, por exemplo, como a igreja de Filipos nasceu a partir de um grupo de mulheres reunidas à beira de um rio (16.11-15), como Paulo foi encorajado pelo Senhor a continuar pregando o evangelho em Corinto (18.9-10), e como o "Caminho" causou grande alvoroço na cidade de Éfeso (19.23-41).

Mas Atos não é apenas um relato histórico: as palavras de Lucas seguem relevantes para nós hoje, servindo de ponte entre a igreja primitiva e a igreja de todas as épocas. Apesar de narrar um período específico e único da história da igreja, Atos contém princípios permanentes que devem servir como referencial para nós hoje.

Embora o livro seja chamado de Atos dos Apóstolos, Lucas não oferece uma biografia exaustiva dos apóstolos. Além de Paulo, apenas outros três apóstolos são mencionados ao longo do livro: João, Tiago e Pedro. Lucas não relata nenhum sermão ou discurso de João, mas sabemos que ele estava com Pedro quando este curou um homem aleijado na porta do templo (3.1-4), episódio que levou esses dois apóstolos a serem confrontados e presos pelas autoridades judaicas (4.1-3). Tiago, irmão de João, também é mencionado brevemente, tendo sido martirizado pelas mãos do rei Herodes Agripa (12.1-2). Um fato curioso é que Lucas dedica porções consideráveis de seu relato para falar sobre personagens que não eram apóstolos, como Estêvão e Filipe. É inegável, contudo, que os personagens principais são Pedro e Paulo. Mas há um protagonista maior nessa história: o Senhor ressurreto, que trabalhou por meio de seus servos para levar a mensagem de sua ressurreição até Roma e, de lá, para o resto do mundo conhecido na época.

AUTORIA E DATA

Assim como muitos livros neotestamentários, Atos também é uma obra anônima e que compartilha um detalhe curioso com o Evangelho de Lucas: os dois documentos mencionam seu destinatário (Teófilo), mas não seu autor. Como já mencionado no capítulo sobre o Evangelho de Lucas, a igreja, desde muito cedo, atribuiu ao "amado médico" a autoria desses dois livros canônicos. Essa convicção da igreja primitiva também é corroborada por diversas evidências internas. A partir de Atos 16, muitos eventos são narrados na primeira pessoa do plural ("nós") ou por verbos conjugados nessa pessoa:

> Então *decidimos* partir de imediato para a Macedônia, concluindo que Deus *nos* havia chamado para anunciar ali as boas-novas. (16.10)

> Eles foram adiante e esperaram por *nós* em Trôade. Terminada a Festa dos Pães sem Fermento, *embarcamos* num navio em Filipos e, cinco dias depois, *nos reencontramos* em Trôade, onde *ficamos* uma semana. (20.5-6)

> Quando chegou a hora, *zarpamos* para a Itália. Paulo e muitos outros prisioneiros foram colocados sob a guarda de um oficial romano chamado Júlio, capitão do Regimento Imperial. Aristarco, um macedônio de Tessalônica, *nos* acompanhou. *Partimos* num navio que tinha vindo do porto de Adramítio. (27.1-2)

Esses são indícios fortes de que o autor estava com Paulo quando esses eventos aconteceram. Apesar de alguns comentaristas e críticos buscarem estabelecer uma diferença entre essas passagens e o restante do livro, a semelhança no estilo e na escrita sugere que foram escritas pela mesma pessoa. No entanto, isso não significaria que se trate de Lucas, por isso podemos também fazer um exercício de exclusão. No período em que esteve preso em Roma, por duas vezes, Paulo menciona companheiros que estiveram com ele durante esse período (Cl 4.7-17; Fm 1.23-24). Apenas quatro nomes se repetem nessas duas passagens: Marcos, Aristarco, Demas e Lucas, a quem Paulo chama de "médico amado". Essa é uma pista importante, pois diversas passagens de Atos parecem refletir um conhecimento médico por parte de seu autor:

> Então Pedro segurou o aleijado pela mão e o ajudou a levantar-se. No mesmo instante, os pés e os tornozelos do homem foram curados e fortalecidos. (3.7)

> No mesmo instante, um anjo do Senhor feriu Herodes com uma enfermidade, pois ele não ofereceu a glória a Deus. Foi comido por vermes e morreu. (12.23)

> Aconteceu que o pai de Públio estava doente, com febre e disenteria. Paulo entrou, orou por ele e, impondo as mãos sobre sua cabeça, o curou. (28.8)

Dessa maneira, podemos concluir que tanto as evidências externas quanto as internas apontam fortemente para Lucas como o autor desse primeiro relato acerca da história da igreja no primeiro século. Ainda assim, a confiabilidade histórica de Atos tem sido questionada por muitos estudiosos não comprometidos com a doutrina da inerrância das Escrituras.

O apóstolo Paulo está no centro dessa polêmica, uma vez que a maneira como ele é descrito em Atos difere do que vemos em suas cartas, como Gálatas, por exemplo. Lucas nos apresenta Paulo como um judeu praticante e zeloso da lei e dos costumes do seu povo. Ele faz um voto (18.18), aceita participar de um ritual de purificação no templo (21.23-24) e circuncida Timóteo, seu companheiro de viagem (16.3). Em suas cartas, contudo, Paulo enfatiza a liberdade que os crentes têm com respeito à lei e até mesmo aprova o fato de Tito, um gentio, não ter sido circuncidado (Gl 2.3). De fato, essas são discrepâncias significativas, mas que podem ser explicadas.

Em primeiro lugar, para Paulo, ser um bom cristão não significava necessariamente ser um mau judeu, visto que o judaísmo passou a ser uma forma cultural e nacional pela qual o judeu cristão expressava sua fé no Messias. Em segundo lugar, Paulo, na verdade, era contra a imposição sobre os gentios dos emblemas da nação judaica (circuncisão, calendário religioso, dietas etc.), como condição para a salvação e para o recebimento de um novo convertido na igreja de Cristo.

DESTINATÁRIOS, OCASIÃO E PROPÓSITO

Os primeiros versículos do Evangelho de Lucas e de Atos possuem uma característica em comum, pois em ambos os livros Lucas faz questão de mencionar seu destinatário, o primeiro leitor que teve o privilégio de ler os relatos sobre Cristo e o nascimento e expansão de sua igreja: "Depois de investigar tudo detalhadamente desde o início, também decidi escrever-lhe um relato preciso, excelentíssimo Teófilo" (Lc 1.3); "Em meu primeiro livro, relatei a você, Teófilo, tudo que Jesus começou a fazer e a ensinar até o dia em que foi levado para o céu" (At 1.1). Mas qual teria sido o propósito de Lucas em narrar para Teófilo o progresso do evangelho até Roma?

Essa é uma pergunta que pode gerar várias respostas distintas. A primeira delas é que Lucas desejava mostrar a Teófilo que o cristianismo se fundamenta em fatos históricos. Também não podemos perder de vista que Atos é a continuação do Evangelho de Lucas, de modo que é provável que o "médico amado", por meio de seu segundo volume, quisesse fortalecer Teófilo na fé ao mostrar o progresso triunfante do evangelho. Atos também pode ser visto como uma obra apologética em dois sentidos: uma defesa do cristianismo contra as acusações dos judeus e uma defesa do próprio apóstolo Paulo, enquanto ele esperava por seu julgamento em Roma.[6]

Todas essas motivações são possíveis. No entanto, fica claro ao longo do livro que Lucas estava contando não apenas uma história, mas sim *a história da redenção*, ou seja, a atividade de Deus no palco da história humana, com o propósito de levar adiante sua salvação prometida desde o Antigo Testamento. Lucas vê o início da história da igreja como uma continuação não apenas do ministério de Jesus, mas de tudo aquilo que havia sido prometido no Antigo Testamento. O derramamento do Espírito havia sido "predito há tempos pelo profeta Joel" (2.16), assim como a missão aos gentios (13.47) e a rejeição de Cristo pelos judeus (28.25-27). No passado, Deus havia usado os profetas para predizer a formação da igreja, e no tempo dos apóstolos interveio diretamente por meio de seu Espírito (13.2; 15.28; 16.16), de anjos (5.19-20; 8.26; 27.23), profetas (11.28; 20.11-12) e até mesmo diretamente (18.9; 23.11) a fim de guiar os avanços missionários de seus apóstolos. Cada milagre realizado pelos apóstolos era prova direta de que o Senhor levava adiante a história de sua igreja (15.4).

PASSAGENS DE DIFÍCIL INTERPRETAÇÃO

Aqui, não nos concentraremos em uma passagem específica, mas sim em abordar o que na teologia é chamado de normatividade das narrativas de Atos. Afinal, aquilo que é narrado em Atos deve ser um paradigma para a igreja de hoje? Por exemplo, os sinais, os milagres, as profecias e a própria figura de um apóstolo — tudo isso ainda deve permanecer em nossas igrejas atuais?

O livro de Atos cobre um momento específico e especial da

[6]Em Atos, podemos ver os apóstolos, em algumas situações, defendendo-se de acusações tanto de autoridades judaicas quanto gentílicas (4.8-12; 25.8-11).

história da salvação, a saber, a transição da antiga para a nova aliança. Nesse período, houve um grupo de homens, os apóstolos, que foram chamados e treinados pelo próprio Jesus para servirem como administradores dessa transição. Esses homens receberam dons extraordinários e realizaram prodígios jamais igualados na história da igreja. Foram inspirados por Deus para escrever o Novo Testamento e, assim, lançar as bases da igreja. Essa fase já passou e hoje não temos mais apóstolos — o que há são pastores e mestres que buscam ensinar a igreja contemporânea a partir do alicerce que os apóstolos estabeleceram.

Ao mesmo tempo, Atos contém princípios que, seguramente, podem ser aplicados a nós hoje, ao mostrar como Deus age no mundo e na história. Ao longo dos capítulos, somos incentivados a pregar o evangelho mesmo em meio à perseguição, na consciência de que viver em temor a Deus não nos livrará de privações e dificuldades, mas também na convicção de que não há pessoas que não possam ser tocadas pelas boas-novas. É assim que o relato de Lucas segue relevante e atual.

ESBOÇO

De certa forma, é o próprio Senhor Jesus quem, logo no início do livro, fornece a estrutura básica para o livro de Atos ao dizer aos discípulos que eles seriam suas testemunhas em "Jerusalém, em toda a Judeia, em Samaria e nos lugares mais distantes da terra" (1.8). Lucas concentra sua narrativa nessas três regiões, que aparecem no decorrer do livro na ordem delineada por Jesus.

A Palavra do Senhor em Jerusalém (1.1—8.3)

1—2: O batismo do Espírito

Sermão: Pedro no Pentecostes (1.14-41)

3.1—4.32: Cura, pregação e perseguição

Sermão: Pedro no pórtico de Salomão e diante do Sinédrio (3.12-26)

4.32—5.11: Vida comum na igreja

5.12-42: Curas, pregação e perseguição

6.1—8.3: Estêvão, testemunha de Deus, é morto

Sermão: A defesa de Estêvão (7.1-53)

A Palavra do Senhor se espalha pela Judeia e Samaria (8.4—12.24)

8.4-40: Filipe: a Palavra alcança os samaritanos

9.1-31: O chamado do missionário para as nações: Saulo

9.32—11.18: O primeiro convertido das nações: Cornélio

Sermão: Pedro prega a Cornélio e seus amigos (10.34-43)

11.19-30: A primeira igreja entre as nações: Antioquia

12: Herodes Agripa I: o poder da Palavra contra o poder do mundo

A Palavra do Senhor até os confins da terra: Ásia e Grécia (13—20)

13—14: A primeira missão às nações

Sermões: Paulo em Antioquia da Pisídia e Listra (13.14-41)

15.1-35: A recepção das nações na igreja

15.36—18.22: A segunda missão às nações

Sermão: Paulo em Atenas (17.16-34)

18.23—20.38: A terceira missão às nações

Sermão: A despedida de Paulo aos presbíteros de Éfeso (20.13-38)

A Palavra do Senhor até os confins da terra: Roma (21—28)

21.1—23.11: Paulo atacado e preso em Jerusalém

Sermão: A defesa de Paulo à multidão de Jerusalém (21.37—22.22)

23.12—24.27: Paulo julgado diante de Félix em Cesareia

25—26: Paulo julgado diante de Festo e Herodes Agripa II

Sermão: A defesa de Paulo a Agripa (25.23—26.32)

25.11: Paulo apela a César

27.1—28.10: A viagem de Paulo a Roma

28.11-31: Paulo prega a Palavra do Senhor em Roma

COMO LER ATOS DOS APÓSTOLOS

- Em gratidão pelo fato de o evangelho ter chegado aos gentios e, consequentemente, a nós.
- Inspirado pelo testemunho de comunhão da igreja primitiva.
- Encorajado pelo fato de Deus usar pessoas falhas e pecadoras (como Paulo e nós) para avançar sua obra.

ROMANOS

Pois todos pecaram e não alcançam o padrão da glória de Deus, mas ele, em sua graça, nos declara justos por meio de Cristo Jesus, que nos resgatou do castigo por nossos pecados.

ROMANOS 3.23-24

TEMAS E CARACTERÍSTICAS CENTRAIS

- A justificação somente pela fé em Cristo.
- A carta mais extensa do apóstolo Paulo.
- Uma espécie de apresentação pessoal de Paulo aos crentes dessa igreja no coração do império.
- Nomes importantes da tradição cristã, como Agostinho e Lutero, converteram-se lendo essa epístola.

INTRODUÇÃO

De acordo com a ordem canônica, a carta de Paulo aos romanos inaugura um novo gênero literário dentro do Novo Testamento: as cartas, ou epístolas. As cartas eram um dos principais meios de comunicação do primeiro século e, talvez por isso, formem a maior parte do Novo Testamento.[1]

No contexto greco-romano, as cartas eram muito breves, geralmente focadas em um tema e escritas de forma bem direta. Assim, em comparação com as cartas de sua época, as epístolas paulinas, bem como Tiago, 1Pedro e 1João, eram consideradas longas. Mas, a despeito de serem mais extensas que o habitual, as cartas apostólicas seguiam a estrutura padrão da época: *introdução epistolar*, na qual o remetente se identifica e expressa uma breve saudação a seu destinatário;[2] *corpo epistolar*, o assunto da carta; e *conclusão*, trecho no qual o autor volta a se dirigir a seu destinatário, desta vez com uma saudação final.

Seja para um indivíduo (caso da carta a Filemom), para uma igreja específica ou até mesmo para todos que compartilham "de

[1]Com exceção dos Evangelhos, todos os outros livros do NT ou são cartas ou possuem algum tipo de carta em sua composição; Atos 15.23-29 traz uma carta dos presbíteros de Jerusalém às igrejas gentílicas, e Apocalipse 2—3 é composto, na íntegra, de epístolas enviadas às sete igrejas.

[2]Apenas Hebreus e 1João não identificam seu remetente.

nossa preciosa fé" (2Pe 1.1), as cartas do Novo Testamento cumpriram o papel de transmitir as diretrizes pastorais de seus autores a igrejas distantes que estavam passando por crises teológicas e éticas. Elas funcionavam como substitutas da presença deles, quando não podiam atender pessoalmente às necessidades das igrejas, e por isso possuíam caráter autoritativo e deveriam ser lidas e obedecidas por todas as igrejas.

Entre as cartas neotestamentárias, Romanos se destaca por ser quase um tratado de teologia sistemática do apóstolo Paulo sobre assuntos como obras da lei, salvação pela fé, Israel e a igreja. Talvez por isso Romanos seja uma das cartas mais conhecidas e fundamentais na história do cristianismo. Agostinho se converteu ao ler um trecho de Romanos 13, como ele mesmo narra em suas *Confissões:*

> Peguei-o, abri-o e li em silêncio o versículo sobre o qual primeiro caiu meu olhar: *"Não em orgias e bebedeiras, nem em devassidão e libertinagem, nem em rixas e ciúmes, mas vesti-vos do Senhor Jesus Cristo e não procureis satisfazer os desejos da carne"*. Não quis ler mais, nem era preciso. Porque, logo que acabei aquela frase, foi como se uma luz de certeza derramada no meu coração dissipasse todas as trevas da dúvida.[3]

Já Calvino destacou em seu comentário sobre Romanos a importância hermenêutica dessa carta: "Se porventura conseguirmos atingir uma genuína compreensão desta Epístola, teremos aberto uma amplíssima porta de acesso aos mais profundos tesouros da Escritura".[4]

[3]Agostinho, *Confissões* (São Paulo: Penguin/Companhia das Letras), p. 188.
[4]João Calvino, *Romanos*, Comentários Bíblicos João Calvino (São José dos Campos, SJ: Fiel, 2017), p. 28.

AUTORIA E DATA

Para abrirmos esta seção, nada melhor que deixar o próprio autor de Romanos se apresentar:

> Fui circuncidado com oito dias de vida. Sou israelita de nascimento, da tribo de Benjamim, um verdadeiro hebreu. Era membro dos fariseus, extremamente obediente à lei judaica. Era tão zeloso que persegui a igreja. E, quanto à justiça, cumpria a lei com todo rigor. (Fp 3.5)

Como fica claro nessa descrição que Paulo faz de si mesmo em sua carta aos filipenses, ele havia sido um fariseu zeloso que cumpria à risca todas as ordenanças da tradição judaica. Seu farisaísmo intenso o levou a liderar uma campanha contra os cristãos em todo lugar, para exterminar a "seita do Caminho", que ele considerava uma religião perigosa que blasfemava ao afirmar que Jesus estava vivo e era Deus:

> Saulo, motivado pela ânsia de matar os discípulos do Senhor, procurou o sumo sacerdote. Pediu cartas para as sinagogas em Damasco, solicitando que cooperassem com a prisão de todos os seguidores do Caminho, homens e mulheres, que ali encontrasse, para levá-los como prisioneiros a Jerusalém. (At 9.1-2)

Nessa viagem a Damasco, o Senhor ressurreto apareceu a Saulo, um acontecimento que mudou não apenas seu nome, mas todo o propósito de sua vida: Saulo de Tarso se tornou Paulo, o apóstolo dos gentios.

Paulo escreveu treze das cartas canônicas do Novo Testamento, incluindo Romanos. A autoria de Paulo fica explícita logo no primeiro versículo, no qual se apresenta como "escravo de Cristo Jesus, chamado para ser apóstolo e enviado para anunciar as boas-novas". Além disso, Romanos apresenta grande similaridade com

Gálatas e 1Coríntios (documentos indiscutivelmente paulinos) em temas como a justificação pela fé (Rm 3.20-22; Gl 2.16) e a distribuição dos dons no meio do Corpo (Rm 12; 1Co 12).

Romanos também está repleta de referências autobiográficas do apóstolo: "Então pergunto: Deus rejeitou seu povo, a nação de Israel? Claro que não! Eu mesmo sou israelita, descendente de Abraão e membro da tribo de Benjamim" (11.1).[5]

Além das evidências internas da autoria paulina, a tradição da igreja, desde os primeiros séculos, já apontava para Paulo como o autor dessa epístola. Contudo, não é correto afirmar que Paulo, de fato, *escreveu* essa carta. Com essa afirmação não queremos colocar em xeque a autoria paulina, mas sim dizer que o apóstolo utilizou um recurso bem comum da época: um amanuense, alguém responsável por redigir cartas e outros textos no período greco-romano: "Eu, Tércio, que escrevo esta carta para Paulo, também envio minhas saudações no Senhor" (16.22). Tércio tem o privilégio de ser o único amanuense conhecido por nome em todo o Novo Testamento!

Provavelmente, Paulo ditou essa carta a Tércio em algum momento entre os anos de 57 e 59 d.C.,[6] durante sua terceira viagem missionária e quando estava se preparando para deixar a cidade de Éfeso.

DESTINATÁRIOS, OCASIÃO E PROPÓSITO

Há muito Paulo desejava visitar a igreja de Roma, mas havia sido impedido em razão de seu trabalho na região do mar Egeu: "É por isso, aliás, que há tanto tempo tenho adiado minha visita a

[5]Paulo também se refere a si mesmo em 1.10-13; 15.15-27; 16.3.
[6]Estima-se que as cartas de Paulo sejam os documentos mais antigos do Novo Testamento, ou seja, mesmo antes dos Evangelhos, os escritos e ensinos do apóstolo já circulavam pela região do Mediterrâneo.

vocês, porque estava pregando nesses lugares" (15.22). O apóstolo deixa claro que seu propósito era visitar os crentes de Roma a fim de repartir com eles "alguma dádiva espiritual" (1.11), o que pode sinalizar tanto entendimento teológico quanto prático do evangelho.

Entretanto, Paulo sabia que a motivação para visitar Roma não era apenas um desejo pessoal. Certa noite, enquanto Paulo estava preso em Jerusalém, o Senhor lhe apareceu mais uma vez a fim de não só encorajá-lo, mas também definir os próximos passos de seu trabalho missionário: "Tenha ânimo, Paulo! Assim como você testemunhou a meu respeito aqui em Jerusalém, deve fazê-lo também em Roma" (At 23.11).

Paulo não conhecia pessoalmente a igreja de Roma, composta por gentios (1.5,12-14; 6.19; 11.13) e judeus (14—15), e, por isso, a carta era importante para que se apresentasse àquela comunidade e detalhasse seus planos missionários a esses crentes. Paulo também pretendia angariar o apoio dos crentes de Roma para sua missão de evangelizar a Espanha. Esse apoio incluía suporte financeiro e especialmente as orações desses irmãos.

Com essa epístola, Paulo buscava também apresentar a essência do evangelho que pregava e responder às acusações de alguns judaizantes, os quais pensavam que as boas-novas a respeito de Jesus destinavam-se apenas aos judeus. Esse grupo acusava Paulo de negar a lei e a circuncisão, falar mal do templo, não exigir a lei de Moisés para salvação, ensinar que a pessoa era salva pela graça sem as obras da lei — Paulo precisava se defender, uma vez que havia uma forte comunidade judaica em Roma. Como se todos esses assuntos não fossem o suficiente, Paulo também aproveita essa carta de maneira pastoral a fim de tratar de problemas práticos da igreja romana, como os dons espirituais (12.6-8), a questão da carne sacrificada a ídolos (14—15) e a relação entre judeus e gentios.

O apóstolo aos gentios busca tratar de todas essas questões a partir de um raciocínio teológico refinado e que percorre vários temas. Sem dúvida, a justificação somente pela fé em Cristo, sem a necessidade das obras da lei, é um dos principais temas da carta, e ocupa praticamente metade de sua extensão. Não é à toa, portanto, que Romanos é considerada a epístola mais importante por parte dos Reformadores no século 16. Aliás, foi lendo essa epístola que também Lutero teve seus olhos abertos para a graça abundante encontrada no evangelho em oposição ao legalismo, em que o homem aparece como seu próprio salvador:

> Meditei dia e noite até ver a conexão entre a justiça de Deus e a declaração de que "o justo viverá pela fé" (Rm 1.18). Então compreendi que a justiça de Deus é aquela retidão pela qual, por meio da graça e da mais absoluta misericórdia, Deus nos justifica pela fé. Após isso, senti que havia renascido e entrado pelas portas do Paraíso. Todas as Escrituras passaram a ter um novo sentido e, apesar de a "justiça de Deus" antes ter me enchido de ódio, ela agora se transformara para mim em um amor maior inefavelmente doce. Essa passagem de Paulo se tornou para mim um portal para o Paraíso.[7]

Romanos combate o legalismo, um assunto que permanece relevante até os dias de hoje, pois a tendência do coração humano é justificar-se perante Deus a partir de seus próprios méritos, mas a mensagem do evangelho é que somos salvos pela graça e somente pela graça. Esse é o cerne do evangelho.

PASSAGENS DE DIFÍCIL INTERPRETAÇÃO

Romanos apresenta duas passagens que podem ser mais desafiadoras quanto à sua interpretação. O capítulo 7 é famoso por

[7]Roland H. Bainton, *Cativo à Palavra: A vida de Martinho Lutero* (São Paulo: Vida Nova, 2017), p. 72.

conter fortes declarações de Paulo, em primeira pessoa, descrevendo a luta do crente contra o pecado (7.14-25). Alguns acreditam que Paulo está se referindo a si mesmo nessa passagem; já outros defendem que o apóstolo está se referindo aos não regenerados. Meu entendimento está mais alinhado a essa segunda possibilidade. A vida cristã normal é descrita no capítulo 8 ("Agora, portanto, já não há nenhuma condenação para os que estão em Cristo Jesus"), enquanto no capítulo 7 Paulo descreve a situação do não regenerado debaixo da lei, sempre derrotado, sempre sem poder cumprir as exigências de Deus, ainda que tenha conhecimento delas.

A outra polêmica envolvendo a carta diz respeito aos temas da eleição e da predestinação, abordados por Paulo no capítulo 9 — uma passagem central na discussão entre arminianos e calvinistas. O ponto central aqui é se Deus elegeu indivíduos ou povos para a salvação

A ala reformada, na qual me incluo, defende que Deus soberanamente escolheu indivíduos para a salvação. Essa doutrina, conhecida como eleição incondicional, é um dos pilares do pensamento reformado, baseado na convicção de que Deus, desde a eternidade, escolheu livremente aqueles que seriam salvos, não com base em qualquer mérito ou previsão de fé por parte do ser humano, mas unicamente segundo o conselho de sua vontade e para o louvor de sua gloriosa graça. Efésios 1.4-5 declara claramente: "Mesmo antes de criar o mundo, Deus nos amou e nos escolheu em Cristo para sermos santos e sem culpa diante dele. Ele nos predestinou para si, para nos adotar como filhos por meio de Jesus Cristo, conforme o bom propósito de sua vontade".

Na perspectiva reformada, o ser humano está completamente morto em seus delitos e pecados (Ef 2.1), incapaz de buscar a Deus por sua própria iniciativa. Romanos 3.11 afirma que "ninguém é sábio, ninguém busca a Deus". Logo, é Deus quem toma a iniciativa soberana na salvação, regenerando os corações daqueles que ele escolheu, capacitando-os a crer. Essa regeneração precede a fé, de acordo com a teologia reformada, pois é o ato de Deus que desperta o pecador para responder com arrependimento e fé.

Por sua vez, os arminianos creem que Deus não elege ninguém de forma incondicional para a salvação. Eles acreditam que a eleição é baseada na presciência divina, ou seja, Deus prevê aqueles que, no uso de seu livre-arbítrio, irão escolher crer em Cristo e, com base nessa presciência, os elege. Dessa forma, a salvação é, em última instância, fruto da decisão pessoal de cada indivíduo, que pode aceitar ou rejeitar a oferta da graça. Essa visão se apoia em textos como João 3.16, que afirma que "Deus amou tanto o mundo que deu seu Filho único, para que todo o que nele crer não pereça, mas tenha a vida eterna". Para os arminianos, a frase "todo o que nele crer" aponta para a responsabilidade humana de aceitar ou rejeitar a salvação.

A diferença entre essas duas perspectivas reside na forma como a soberania de Deus e o livre-arbítrio humano se relacionam. A tradição reformada sustenta que a vontade de Deus é absolutamente soberana e decisiva no processo da salvação, enquanto o arminianismo enfatiza a cooperação do ser humano, que precisa exercer sua própria escolha para ser salvo. Contudo, a doutrina da eleição reformada encontra forte apoio nas Escrituras, que mostram que a salvação é obra exclusiva de Deus, conforme visto, por exemplo, em João 6.44: "Pois ninguém pode vir a mim se o Pai, que me enviou, não o trouxer a mim". Isso demonstra que, sem a graça soberana de Deus, nenhum pecador responderia à oferta do evangelho.

ESBOÇO

A carta de Paulo à igreja de Roma é uma das epístolas mais teologicamente refinadas do apóstolo. Em Romanos, Paulo demonstra profundo conhecimento da tradição judaica e das Escrituras do Antigo Testamento e desenvolve um tratado teológico acerca de vários temas que vão desde o pecado de toda a humanidade até a certeza da salvação, tudo isso tendo como fio condutor o tema central da carta: a justificação somente pela fé. Romanos também mostra como toda boa teologia deve levar a um modo inteiramente novo de pensar e de viver, e deve redundar também em adoração: "Toda a glória para sempre ao Deus único e sábio, por meio de Jesus Cristo. Amém" (Rm 16.27).

Perdição (1.1—3.20)

1.1-17: Saudações e introdução
1.18-32: Depravação da humanidade
2.1—3.8: Os judeus e a aliança
3.9-20: "Ninguém é justo, nem um sequer"

Justificação (3.21—5.21)

3.21-26: A justiça de Deus
3.27—4.25: Justificação somente pela fé
5.1-21: A justificação que resulta na vida eterna

Santificação (6.1—8.39)

6.1-23: Mortos para o pecado
7.1-25: Mortos para a lei
8.1-30: Vida no Espírito
8.31-39: O maravilhoso amor de Deus

Escatologia (9.1—11.36)

9.1—10.21: Israel e as promessas de Deus
11.1-10: O remanescente fiel
11.11-32: Israel e os gentios
11.33-36: Doxologia

Questões práticas (12.1—15.33)

12.1-21: Como os cristãos devem agir em relação a seus irmãos na fé

13.1-14: O testemunho perante a sociedade

14.1—15.13: A unidade do Corpo de Cristo

15.14-33: Os planos de Paulo para anunciar as boas-novas

Saudações finais (cap. 16)

COMO LER ROMANOS

- Com foco especial sobre a doutrina da justificação pela fé.
- Em gratidão a Deus pela vida de Paulo e por seu ministério aos gentios.
- Consciente da importância dessa epístola para a história da igreja cristã.[8]

[8]Caso deseje se aprofundar ainda mais no entendimento da carta aos Romanos, recomendo também meus outros livros: *O poder de Deus para a salvação: A mensagem de Romanos 1—7 para a igreja de hoje* (São Paulo: Vida Nova, 2019), e *O poder de Deus para a santificação: A mensagem de Romanos 8—16 para a igreja de hoje* (São Paulo: Vida Nova, 2020).

1 e 2 CORÍNTIOS

Os judeus pedem sinais, e os gentios buscam sabedoria. Assim, quando pregamos que o Cristo foi crucificado, os judeus se ofendem, e os gentios dizem que é tolice. Mas, para os que foram chamados para a salvação, tanto judeus como gentios, Cristo é o poder de Deus e a sabedoria de Deus.

1CORÍNTIOS 1.22-24

De qualquer forma, o amor de Cristo nos impulsiona. Porque cremos que ele morreu por todos, também cremos que todos morreram. Ele morreu por todos, para que os que recebem sua nova vida não vivam mais para si mesmos, mas para Cristo, que morreu e ressuscitou por eles.

2CORÍNTIOS 5.14-15

TEMAS E CARACTERÍSTICAS CENTRAIS

- Corinto era o centro comercial do Império Romano, o que se reflete na amplitude e diversidade dos temas abordados.
- 1Coríntios responde a várias questões: partidarismo, imoralidade sexual, casamento, idolatria, dons espirituais e ressurreição dos mortos.
- 2Coríntios é a carta mais pastoral de Paulo, expondo os sofrimentos de seu ministério e sua total dependência da graça de Deus.
- As duas cartas mostram como a doutrina deve ser aplicada na prática, principalmente no que diz respeito à eclesiologia.

INTRODUÇÃO

A igreja de Corinto talvez seja a mais complicada no Novo Testamento. Essa comunidade enfrentava problemas de divisão interna, com membros que tinham diferentes predileções pelos pregadores e pastores que haviam feito parte da história recente da igreja, como Pedro, Apolo e o próprio Paulo. A reputação dessa igreja perante a sociedade também não era das melhores: "Comenta-se por toda parte que há imoralidade sexual em seu meio, imoralidade que nem mesmo os pagãos praticam" (1Co 5.1). Um membro da igreja tinha relações sexuais com a própria madrasta, crentes estavam processando legalmente outros cristãos e a prática da Ceia nessa igreja era uma verdadeira bagunça. Por isso, não é nenhuma surpresa que o apóstolo Paulo exclame: "Irmãos, suplico-lhes em nome de nosso Senhor Jesus Cristo que vivam em harmonia uns com os outros e ponham fim às divisões entre vocês" (1Co 1.10).

Paulo fundou a igreja de Corinto durante sua segunda viagem missionária (At 18.1-18). Ele chegou à cidade vindo de Atenas e permaneceu por lá cerca de um ano e meio, vivendo com Priscila e Áquila, um casal de judeus provenientes da Itália que, assim como Paulo, também fabricavam tendas. A plantação dessa igreja não foi nada fácil. Paulo sofreu forte oposição dos líderes judeus daquela cidade, que o levaram a julgamento perante o governador da Acaia. Diante desse cenário complicado, Paulo foi incentivado pelo próprio Jesus: "Certa noite, o Senhor falou a Paulo numa visão: 'Não tenha medo! Continue a falar e não se cale, pois estou com você, e ninguém o atacará nem lhe fará mal, porque muita gente nesta cidade me pertence'" (At 18.9-10). E de fato muitos ali "creram e foram batizados" (At 18.8), tanto gentios quanto judeus — Lucas relata que até o líder da sinagoga e toda sua família creram no Senhor.

Uma vez que a igreja foi fundada e estabelecida, Paulo se mudou para Éfeso, e é aí que os problemas começaram a crescer entre os crentes de Corinto. Além das questões já mencionadas, havia também uma crescente oposição ao ministério de Paulo por uma parcela da igreja, chegando ao ponto de questionarem seu apostolado. Por essa e outras razões, podemos dizer que o relacionamento posterior do apóstolo com os crentes de Corinto foi tenso e provocou visitas e envio de várias cartas, das quais pelos menos duas integram o cânon bíblico.

Assim como o restante das Escrituras, 1 e 2Coríntios também contêm diversas aplicações para a igreja nos dias de hoje, como, por exemplo, o surgimento de novos apóstolos não comissionados por Jesus. Não à toa, Paulo inicia essas duas epístolas apresentando suas credenciais como verdadeiro apóstolo: "Eu, Paulo, chamado para ser apóstolo de Cristo Jesus pela vontade de Deus, escrevo esta carta" (1Co 1.1); e "Eu, Paulo, chamado pela vontade de Deus para ser apóstolo de Cristo Jesus, escrevo esta carta..." (2Co 1.1). Ambos os versículos revelam uma verdade essencial para seu ministério: ninguém pode atribuir para si o título de apóstolo; um verdadeiro apóstolo precisa ser comissionado, chamado pelo próprio Jesus. Paulo, um legítimo apóstolo, volta a tratar desse assunto em sua segunda carta contrastando seu ministério com a vida e o ensino daqueles aos quais ele se refere, ironicamente, como *superapóstolos*:

> Contudo, não me considero em nada inferior aos tais "superapóstolos" que ensinam essas coisas. Posso não ter a técnica de um grande orador, mas não me falta conhecimento [...]. Assim, continuarei a fazer o que sempre tenho feito. Com isso, frustrarei aqueles que procuram uma oportunidade de se orgulhar de realizar um trabalho como o nosso. Esses indivíduos são falsos apóstolos, obreiros enganosos disfarçados de apóstolos de Cristo. (2Co 11.5-6,12-13)

AUTORIA E DATA

Nem mesmo os críticos mais liberais contestam a autoria paulina dessas duas cartas. Paulo se apresenta como autor no início das duas epístolas e se refere a si mesmo no fim de 1Coríntios: "Esta é minha saudação de próprio punho: Paulo" (1Co 16.21). Esse versículo também sugere que, assim como em Romanos, Paulo usou um amanuense para escrever essa carta; ele provavelmente ditou e assinou a carta de próprio punho a fim de autenticar seus escritos. (Veja, por exemplo, 2Tessalonicenses 3.17: "Aqui está minha saudação de próprio punho: Paulo. Assim faço em todas as minhas cartas para provar que eu mesmo as escrevi".) Além das fortes evidências internas, a autoria do apóstolo Paulo foi confirmada bem cedo na história da igreja por Clemente (96 d.C.) e Inácio, no início do segundo século. Portanto, nunca houve problema com a aceitação de ambas no cânon.

É bem provável que Paulo tenha escrito 1Coríntios no final do período de três anos que passou em Éfeso, durante sua terceira viagem missionária. Isso é indicado por 1Coríntios 16.8, em que Paulo expressa o desejo de permanecer em Éfeso até o Pentecostes — uma data provável para a composição de 1Coríntios, aceita pelos estudiosos em geral, é 55 d.C. Já por volta de um ou, no máximo, dois anos depois disso, o apóstolo enviou sua segunda carta canônica a essa igreja. É provável que o endereço do remetente nessa sua carta (se houvesse, é claro, essa identificação formal na época) seria a Macedônia, uma vez que Paulo se refere a essa região como se estivesse lá no momento em que escrevia aos coríntios: "Sei quanto estão ansiosos para ajudar e expressei às igrejas da Macedônia meu orgulho de vocês" (2Co 9.2).

DESTINATÁRIOS, OCASIÃO E PROPÓSITO

A melhor maneira de abordar os temas das cartas, a ocasião em que foram escritas e seu propósito é buscar entender a ordem provável dos acontecimentos envolvendo Paulo e a igreja de Corinto. O relacionamento de Paulo com a igreja de Corinto foi intenso e movimentado, com várias etapas e fases. A seguir, traço uma linha do tempo mostrando as visitas que Paulo fez a Corinto e também o período em que escreveu suas cartas àquela igreja — note que há indícios de que Paulo tenha escrito pelo menos quatro epístolas a essa igreja.

Primeira visita. Paulo chega a Corinto durante sua segunda viagem missionária. Ali conhece Priscila e Áquila e, como era seu costume durante suas viagens, vai à sinagoga (At 18.4).

Primeira carta. Depois de deixar a cidade, Paulo escreve uma carta aos coríntios, mencionada em 1Coríntios 5.9: "Quando lhes escrevi antes, disse que não deviam se associar com pessoas que se entregam à imoralidade sexual". A alusão de Paulo a essa carta e a falta de mais detalhes deixam claro que os coríntios sabiam a que carta ele se referia.

Segunda carta. Algum tempo depois, após receber informações sobre a situação crítica da igreja, tanto por meio da família de Cloe como por meio de uma comissão de membros vinda da igreja de Corinto (1Co 16.17-18), Paulo escreve uma segunda carta aos coríntios. Essa carta é a que foi inserida no cânon como 1Coríntios.

Segunda visita. Essa carta não surtiu todo o efeito esperado pelo apóstolo, e a situação na igreja deteriorou-se ainda mais. Num esforço pessoal para remediar a situação, Paulo faz sua segunda visita a Corinto, à qual ele se refere como não tendo sido agradável: "Por isso resolvi não entristecê-los com outra visita dolorosa. Pois, se eu lhes causar tristeza, quem me alegrará?" (2Co 2.1-2). Paulo também comenta que tinha planos de fazer uma terceira visita à igreja coríntia, mas não sabemos se essa terceira viagem de fato ocorreu (2Co 12.14; 13.1-2).

Terceira carta. Após sua segunda visita a Corinto, o apóstolo escreve outra carta, "a carta severa", como é denominada pelos estudiosos: "Não me arrependo de ter enviado aquela carta severa, embora a princípio tenha lamentado a dor que ela lhes causou, ainda que por algum tempo. Agora, porém, alegro-me por tê-la enviado, não pela tristeza que causou, mas porque a dor os levou ao arrependimento" (2Co 7.8-9).

Quarta carta. Aparentemente essa carta produziu algum efeito, e Paulo escreve a quarta carta aos coríntios, que conhecemos como 2Coríntios, cuja primeira parte (1—9) possui um tom mais ameno.

A igreja coríntia não era fácil de ser pastoreada. Isso fica evidente no volume de atenção que Paulo dedicou a essa comunidade, seja por meio de visitas ou da quantidade de cartas escritas. A dificuldade em guiar esses cristãos à maturidade em Cristo também pode ser observada pela quantidade de temas que o apóstolo busca tratar e esclarecer em suas cartas. Mesmo em 2Coríntios, uma carta com tom mais ameno por parte do apóstolo, Paulo precisa defender vigorosamente seu apostolado dos ataques e acusações dos judaizantes e falsos mestres infiltrados na igreja. Sua principal estratégia de defesa foi mostrar a seus acusadores o quanto ele havia sofrido pelo evangelho:

> Em tudo que fazemos, mostramos que somos verdadeiros servos de Deus. Suportamos pacientemente aflições, privações e calamidades de todo tipo. Fomos espancados e encarcerados, enfrentamos multidões furiosas, trabalhamos até a exaustão, suportamos noites sem dormir e passamos fome. Mostramos quem somos por nossa pureza, nosso entendimento, nossa paciência e nossa bondade, pelo Espírito Santo que vive em nós e por nosso amor sincero. (2Co 6.4-6)[1]

Contudo, mais do que se defender, Paulo expõe todo seu coração de pastor nessa carta, uma vez que ele se alegra com a notícia de arrependimento por parte dos coríntios.

PASSAGENS DE DIFÍCIL INTERPRETAÇÃO

Em 1Coríntios 14, Paulo busca corrigir aquela igreja no tocante à celebração dos cultos. Em determinado ponto de seu argumento, Paulo se dirige especificamente às mulheres:

> As mulheres devem permanecer em silêncio durante as reuniões da igreja. Não é apropriado que falem. Devem ser submissas, como diz a lei. Se tiverem alguma pergunta, devem fazê-la ao marido, em casa, pois não é apropriado que as mulheres falem nas reuniões da igreja. (1Co 14.34-35)

[1] Em 2Coríntios 11.23-33, Paulo também apresenta seus sofrimentos em contraste ao ministério dos falsos apóstolos.

Embora esses versículos apareçam em todos os manuscritos existentes de 1Coríntios, em alguns deles a passagem aparece após 14.40, ou seja, ao fim do capítulo. Alguns estudiosos sustentam que esses dois versículos não foram escritos por Paulo — eles seriam a interpretação de algum escriba, que teria inserido esse texto posteriormente. Entretanto, essa tese não tem sido aceita pela maioria dos estudiosos. Em geral, permanece o consenso de que esses dois versículos são de autoria paulina e estão em sua localização correta na carta, isto é, após o versículo 33.

Outra passagem polêmica trata sobre o casamento e o divórcio. Ao lermos o texto de 1Coríntios 7, duas perguntas parecem inevitáveis: Paulo favorecia o celibato em vez do casamento? O divórcio é permitido em caso de abandono? Para fazer uma exegese desse texto, primeiro precisamos relembrar alguns detalhes importante sobre o contexto histórico e cultural do primeiro século. Havia à época um forte clima de perseguição contra os cristãos, o que talvez pode ter motivado Paulo a dar essa orientação, a fim de que famílias inteiras fossem poupadas de possíveis sofrimentos e até mesmo do martírio. A conclusão é que Paulo favorece o celibato quando o casamento apresenta dificuldades para a sobrevivência e para obra missionária. Quanto ao divórcio, parece estar implícito em 1Coríntios 7.10-11 que Paulo está ecoando o ensino de Jesus acerca do tema, ou seja, que a separação de um casal era permitida em caso de imoralidade sexual, o que abrange o adultério. Porém, Paulo acrescenta ainda uma situação em que o divórcio seria permitido para um cristão: o abandono por parte de um cônjuge descrente.

Outro ponto digno de menção das cartas de Paulo aos coríntios é a visível mudança de tom por parte do apóstolo a partir de 2Coríntios 10. Nos capítulos 1—9, o apóstolo escreve com um tom pacífico mesmo quando está defendendo seu apostolado de falsas acusações. A partir do capítulo 10, Paulo endurece seu discurso, característica que se mantém até o fim da carta, o que pode ser explicado de algumas formas. Paulo muda de tom simplesmente porque muda de assunto. Nesses capítulos finais, ele passa a repreender a receptividade que uma parte da igreja ainda estava dando aos falsos mestres, que haviam tentado minar sua influência na comunidade por meio de ataques a sua autoridade apostólica. Outra possibilidade é que Paulo escreveu os primeiros nove capítulos e então recebeu um relatório da parte de Tito de que a situação em Corinto era mais do que parecia ao princípio. Assim, com mais informações a respeito da igreja, Paulo redige os últimos quatro capítulos em um tom de repreensão.

ESBOÇO

Como vimos, a igreja de Corinto exigiu bastante esforço e atenção do apóstolo. Talvez seja por isso que em 1Coríntios, Paulo busca tratar e corrigir diversos dilemas daquela jovem igreja, desde questões envolvendo o casamento até mesmo padrões de liturgia para a celebração do culto público e da ceia do Senhor. Já 2Coríntios parece ter sido escrita como uma resposta de Paulo contra certas acusações que buscavam desqualificar seu ministério.

1Coríntios

Divisões na igreja (1—4)

Frouxidão na disciplina da igreja (5—6)

Questões sobre casamento e divórcio (7)

Polêmica sobre liberdade cristã (8—10)

Irregularidades no culto público (11—14)

11.4-16: Uso do véu

11.17-21: Ceia do Senhor

12—14: Mau uso dos dons espirituais

Heresia sobre a ressurreição (cap. 15)

Recomendações finais (cap. 16)

2Coríntios

A razão dos sofrimentos de Paulo pelo evangelho e sua alegria pelo efeito da carta anterior (1—2)

Defesa de seu ministério contra os ataques dos falsos mestres legalistas (3—7)

Orientações sobre a coleta para os crentes em Jerusalém (8—9)

Outra defesa contra o ataque dos falsos apóstolos (10—13)

COMO LER 1 E 2CORÍNTIOS

- Atento, sobretudo os pastores e líderes ministeriais, às lições de Paulo sobre a vida eclesiástica.
- Cotejando as palavras de Paulo com a atual situação do evangelicalismo brasileiro.
- Lembrando que igrejas são problemáticas e imperfeitas, mas nem por isso deixam de ser povo de Deus.[2]

[2]Caso deseje se aprofundar ainda mais no entendimento de 2Coríntios, recomendo também meu livro *A minha graça te basta: A mensagem de 2Coríntios para a igreja hoje* (São Paulo: Vida Nova, 2022).

GÁLATAS

Portanto, permaneçam
firmes nessa liberdade,
pois Cristo verdadeiramente
nos libertou. Não se
submetam novamente à
escravidão da lei.

GÁLATAS 5.1

TEMAS E CARACTERÍSTICAS CENTRAIS

- Em Cristo, não há divisão de povos, raças e etnias.
- A justificação pela fé como a doutrina central do cristianismo.
- Temas em oposição: verdadeiro e falso evangelho, fé e obras, lei e graça, liberdade e legalismo, adoção e escravidão, fruto do Espírito e desejos da carne.
- Assim como Romanos, Gálatas foi uma das cartas de maior impacto sobre os Reformadores.

INTRODUÇÃO

Ao escrever sua carta aos gálatas, Paulo sabia que algo muito importante estava em jogo. Esses crentes, a quem Paulo havia pessoalmente pregado as boas-novas, estavam prestes a seguir falsos mestres e, consequentemente, um falso evangelho. Após anunciar as boas-novas aos gálatas de maneira tão clara "como se tivessem visto com os próprios olhos a morte de Jesus na cruz" (3.1), Paulo colocava em xeque seu trabalho naquela igreja: "Talvez meu árduo trabalho em seu favor tenha sido inútil" (4.11). A agonia do apóstolo talvez seja mais bem expressa por meio de uma pergunta que ecoa por toda essa epístola: "Ó gálatas insensatos! Quem os enfeitiçou?" (3.1).

O contexto de Gálatas gira em torno da controvérsia legalista que motivou a realização do Concílio de Jerusalém, descrito em Atos 15. Afinal, os gentios convertidos à fé cristã deveriam ser circuncidados? Deveriam seguir à risca a lei de Moisés? A resposta dos apóstolos e presbíteros que se reuniram em Jerusalém foi um enfático "não" para as duas perguntas, uma resposta inspirada pelo próprio Deus:

> Pois pareceu bem ao Espírito Santo e a nós não impor a vocês nenhum peso maior que estes poucos requisitos: abstenham-se

> de comer alimentos oferecidos a ídolos, de consumir o sangue ou a carne de animais estrangulados, e de praticar a imoralidade sexual. Farão muito bem se evitarem essas coisas. (At 15.28-29)

É bem provável que Paulo tenha escrito essa carta após ter participado desse concílio, uma vez que o apóstolo menciona sua visita a Jerusalém (2.1-5). Essa igreja estava dando oportunidade para que esses "falsos irmãos" pregassem em seu meio, e ainda pior, muitos já haviam se deixado convencer por esses judaizantes: "Admiro-me que vocês estejam se afastando tão depressa daquele que os chamou para si por meio da graça de Cristo" (1.6). Por isso, não havia tempo a perder.

Em Gálatas, vemos o apóstolo derramar o coração perante seus leitores — ele é firme e terno com a igreja, mas ataca duramente os falsos mestres. Para isso ele defende seu ministério e apostolado, que não lhe havia sido dado por qualquer autoridade humana, mas "pelo próprio Jesus Cristo e por Deus, o Pai, que ressuscitou Jesus dos mortos" (1.1). Contudo, Paulo não faz isso em prol de si mesmo. A defesa era necessária não apenas por causa dos judaizantes, mas também porque a autoridade do evangelho que ele pregava dependia da plena aceitação de Paulo como apóstolo legítimo e comissionado pelo próprio Cristo ressurreto.

Talvez por isso Gálatas seja uma das cartas mais autobiográficas de Paulo. Nela, o apóstolo conta como recebeu seu chamado apostólico (1.11-12), relata seu passado como judeu zeloso e perseguidor da igreja (1.13-14) e detalha quais foram seus próximos passos após ver Jesus na estrada para Damasco (1.16-22). Sua vida testemunhava da legitimidade da mensagem que pregava e, por meio dessa epístola, ele se fazia presente perante essa igreja com uma mensagem clara: "Esses falsos mestres estão extremamente ansiosos para agradá-los, mas suas intenções não são boas" (4.17), e aquilo que eles pregam "não são boas-novas de maneira nenhuma" (1.7).

AUTORIA E DATA

Gálatas desfruta de ampla e histórica aceitação como sendo documento de autoria paulina. Diferentes Pais da Igreja, como Clemente de Roma, Policarpo, Justino Mártir, Ireneu, Tertuliano e Clemente de Alexandria, concordavam que Paulo era o autor desse documento tão importante para a igreja.

Além de vários relatos autobiográficos, Paulo se identifica por duas vezes ao longo da carta (1.1; 5.2) e apresenta-se também como o fundador dessas igrejas:

> Ó meus filhos queridos, sinto como se estivesse passando outra vez pelas dores de parto por sua causa, e elas continuarão até que Cristo seja plenamente desenvolvido em vocês. Gostaria de poder estar aí com vocês para lhes falar em outro tom. Mas, distante como estou, não sei o que mais fazer para ajudá-los. (4.19-20)

Outra prova de autoria e autoridade paulina é que, diferentemente de outras de suas cartas, Paulo escreveu Gálatas de próprio punho: "Vejam com que letras grandes lhes escrevo, de próprio punho, estas palavras finais!" (6.11).

No entanto, se está muito claro que Paulo escreveu essa carta não podemos dizer o mesmo sobre *quando* ela foi escrita. Um texto-chave para essa questão é 2.1-10, em que o apóstolo narra uma visita que fez a Jerusalém na companhia de Barnabé e Tito para informar os líderes daquela igreja (Pedro, Tiago e João) acerca de seus esforços missionários entre os gentios. A grande dúvida é se essa visita é a mencionada em Atos 11.29-30 ou o Concílio de Jerusalém em Atos 15.

Se o apóstolo está se referindo, em Gálatas 2, à visita registrada por Lucas em Atos 11.29-30, então está explicado por que Paulo não faz qualquer menção à decisão do Concílio de Jerusalém, durante o qual o assunto das obras da lei para os gentios foi discutido. Nesse caso, Gálatas teria sido escrita antes do concílio — que aconteceu por volta do ano 48 d.C. —, o que torna essa epístola não só a primeira das cartas de Paulo, mas também um dos primeiros textos cristãos a serem escritos, antes mesmo dos Evangelhos.

Em contrapartida, se a visita que Paulo descreve em Gálatas 2 é, de fato, o concílio, então essa carta foi escrita provavelmente na década de 50. Mas por que então Paulo não menciona a decisão tomada pelos líderes de Jerusalém? Isso sem dúvida seria um excelente argumento a seu favor no embate contra os judaizantes. O fato é que a data da carta aos Gálatas permanece sem definição. O que realmente nos importa é que foi escrita pelo apóstolo Paulo em defesa da doutrina central do cristianismo: a justificação somente pela fé em Cristo.

DESTINATÁRIOS, OCASIÃO E PROPÓSITO

Logo no início, vemos que Paulo escreve essa carta para as igrejas da Galácia (1.2), mas, segundo muitos estudiosos, havia na época a Galácia do Norte e a do Sul. Em Atos, Lucas conta que Paulo evangelizou diversas cidades da Galácia do Sul (Psídia, Antioquia, Icônio, Listra e Derbe), mas não faz qualquer menção de uma visita de Paulo à Galácia do Norte.

Partindo, então, da conclusão de que essa carta foi escrita aos crentes da Galácia do Sul, é possível presumir que Paulo tenha fundado as igrejas dessa região durante sua segunda viagem missionária, por volta do ano 51. Paulo diz que no período em que esteve pregando nessa região, ele ficou doente (4.13),[1] por isso teve

[1] Aparentemente, Paulo estava com algum problema oftalmológico: "Estou certo de que, se fosse possível, teriam arrancado os próprios olhos e os teriam dado a mim" (Gl 4.15).

de ficar mais tempo ali e aproveitou a oportunidade para pregar o evangelho também a outras cidades daquela região.

A Galácia era um distrito da província da Ásia Menor. Naquela região prevalecia o culto à deusa Cibele, que exigia uma série de cerimônias bem elaboradas para que a pessoa pudesse ser aceita pela deusa. Talvez isso explique um pouco a atração que o sistema de salvação pelas obras da lei exerceu sobre os gálatas, um povo conhecido também por sua inconstância, como fica claro nas palavras do imperador Júlio César em seu livro *A Guerra das Gálias*: "A enfermidade dos gálatas é que eles são inconstantes em suas resoluções e gostam de mudanças, e não são confiáveis". Mesmo assim, essa reputação nada louvável não impediu a surpresa e decepção de Paulo ao saber que aqueles aos quais ele havia ministrado o evangelho estavam, agora, seguindo um falso evangelho ensinado por legalistas, isto é, os judaizantes. "Admiro-me que vocês estejam se afastando tão depressa daquele que os chamou para si por meio da graça de Cristo" (1.6).

Os judaizantes eram judeus que haviam abraçado o cristianismo, mas que achavam que, além de crer em Cristo, a pessoa precisava guardar a lei de Moisés para ser salva. Exigiam isso dos gentios e queriam impor a circuncisão, a dieta e o calendário religioso do judaísmo. Obviamente, esse grupo era extremamente crítico a Paulo, a quem consideravam um apóstolo inferior aos Doze, um apóstata do judaísmo que não deveria ser seguido. Esse grupo chegou à Galácia após a partida de Paulo e começou a pregar nas igrejas a necessidade das obras da lei como condição para a salvação — para eles, a pregação de Paulo tinha sido incompleta. Aparentemente, os judaizantes conquistaram a atenção e a mente dos gálatas, e alguns destes já haviam se circuncidado e começado a guardar o calendário das festas judaicas e a comer somente de acordo com a dieta dos judeus.

De alguma forma, Paulo toma conhecimento da situação delicada das igrejas que havia plantado e, assim, passa a redigir uma de suas obras-primas em favor da salvação somente por meio da fé. O apóstolo escreve com o coração partido e demonstra seriedade e rigor para enfrentar os falsos mestres e corrigir seus filhos na fé:

> Será que perderam o juízo? Tendo começado no Espírito, por que agora procuram tornar-se perfeitos por seus próprios esforços? (3.3)

> Vocês insistem em guardar certos dias, meses, estações ou anos. Temo por vocês. Talvez meu árduo trabalho em seu favor tenha sido inútil. (4.10-11)

> Prestem atenção! Eu, Paulo, lhes digo: se vocês se deixarem ser circuncidados, Cristo de nada lhes servirá. Volto a dizer: todo aquele que se deixa ser circuncidado deve obedecer a toda a lei. Pois, se vocês procuram tornar-se justos diante de Deus pelo cumprimento da lei, foram separados de Cristo e caíram para longe da graça. (5.2-4)

De maneira convincente, Paulo reafirma que sua mensagem estava em perfeito acordo com os demais apóstolos de Jesus Cristo (2.1-3) e, como sempre, recorre às Escrituras para demonstrar a falácia da pregação dos mestres judaizantes (3.6-29; 4.21-31). Mas Paulo vai além de criticar o ensino desses falsos mestres — ele expõe sua desonestidade e suas más intenções: “Esses falsos mestres estão extremamente ansiosos para agradá-los, mas suas intenções não são boas. Querem afastá-los de mim para que dependam deles [...]. Querem que vocês sejam circuncidados só para que eles se gloriem disso (4.17; 6.13). Diante desse cenário, a saudação final de Paulo adquire um significado ainda mais poderoso do que uma simples despedida. Suas últimas palavras aos gálatas relembram-lhes, mais uma vez, em que o evangelho se baseia, isto, é, na graça: "Irmãos, que a graça de nosso Senhor Jesus Cristo esteja com o espírito de vocês. Amém" (6.18).

PASSAGENS DE DIFÍCIL INTERPRETAÇÃO

Recentemente, o movimento chamado Nova Perspectiva sobre Paulo (NPP) tem exercido muita influência na interpretação de Gálatas e de outros escritos paulinos. O principal expoente desse movimento é o teólogo anglicano N. T. Wright. Basicamente, os proponentes da NPP afirmam que a interpretação de Gálatas pelos reformadores está equivocada: o tema da carta não é justificação pela fé para a salvação.

De acordo com a NPP, o judaísmo do primeiro século não era legalista e não incentivava ninguém a se justificar diante de Deus por meio das obras da lei. Na verdade — ainda de acordo com a NPP —, em Gálatas Paulo estaria tratando sobre como os gentios convertidos ao cristianismo poderiam ter comunhão com os judeus também convertidos. Em resumo, essa carta seria sobre a igreja (eclesiologia) e não sobre como alguém pode ser salvo (soteriologia). Além do mais, a justificação não seria um ato pelo qual Deus imputa a justiça de Cristo ao pecador, mas o reconhecimento de que estamos em Cristo, ou seja, somos partes de sua igreja visível na história.

Entretanto, basta ler Gálatas para perceber que Paulo está tratando de salvação ao falar de obras da lei e da justificação, e não de aliança, pacto ou inclusão (2.16; 3.10-12).[2]

[2]John Piper fez uma vívida defesa contra a NPP em sua obra *The Future of Justification: A Response to N. T. Wright* (Wheaton: Crossway, 2007).

ESBOÇO

Após se apresentar de maneira sucinta e identificar seus destinatários, Paulo passa a apresentar suas credenciais como apóstolo — ele fora escolhido pelo próprio Deus e aceito por Pedro e pelos demais apóstolos. Essa apresentação é importante, pois busca conferir credibilidade à pregação do apóstolo, o qual, a partir do capítulo 3, começa a expor o tema central dessa epístola: o contraste entre a fé e as obras da lei. Uma vez que fomos libertos do jugo da lei, devemos usar essa liberdade para viver de acordo com o Espírito, que nos ajuda em nossa batalha contra nossa natureza pecaminosa e nos impulsiona ao serviço.

Introdução (1.1-10)

1.1-5: Saudação

1.6-10: Nenhum outro evangelho

A origem e defesa do evangelho de Paulo (1.11—2.21)

1.11-24: Paulo é chamado por Deus

2.1-10: Paulo é aceito pelos apóstolos

2.11-21: Paulo confronta Pedro

Lei e evangelho (3.1—4.31)

3.1-14: Fé ou obras da lei

3.15-22: A lei e a promessa

3.23—4.7: Filhos de Deus

4.8-20: A preocupação de Paulo com os gálatas

4.21-31: Hagar e Sara

Instruções para a vida cristã (5.1—6.10)

5.1-12: Liberdade em Cristo

5.13-26: Vida pelo Espírito

6.1-10: Fazer o bem a todos

COMO LER GÁLATAS

- Examinando o coração, a fim de assegurar que sua esperança está alicerçada única e exclusivamente em Cristo.
- Buscando rejeitar todo e qualquer ensino que anule a cruz de Cristo e seus efeitos.
- Louvando a Deus por sua graça.[3]

[3]Caso deseje se aprofundar ainda mais no entendimento da carta aos Gálatas, recomendo também meu livro *Livres em Cristo: A mensagem de Gálatas para a igreja hoje* (São Paulo: Vida Nova, 2016).

EFÉSIOS

Vocês são salvos pela
graça, por meio da fé.
Isso não vem de vocês;
é uma dádiva de Deus.
Não é uma recompensa
pela prática de boas obras,
para que ninguém venha
a se orgulhar.

EFÉSIOS 2.8-9

TEMAS E CARACTERÍSTICAS CENTRAIS

- A unidade da igreja de Cristo e a comunhão entre judeus e gentios.
- Carta em que Paulo menciona mais vezes o Espírito Santo.
- Paulo estava preso em Roma quando escreveu essa epístola.
- A fé dos cristãos deve ser demonstrada em todos os seus relacionamentos.

INTRODUÇÃO

"Durante os dois anos seguintes, Paulo morou em Roma, às próprias custas. A todos que o visitavam ele recebia, proclamando corajosamente o reino de Deus" (At 28.30-31). O relato de Lucas, em Atos, encerra com a descrição de uma espécie de prisão domiciliar. Esses dois anos marcaram um período muito prolífico no ministério de Paulo — ele não só pregou corajosamente no centro do império, mas também produziu muitas de suas cartas.

Efésios foi escrita durante esse período e, assim como Filipenses, Colossenses e Filemom, é chamada de uma das "cartas da prisão". Pelo menos por três vezes nessa carta, Paulo menciona seu encarceramento enquanto escrevia: "Quando penso em tudo isso, eu, Paulo, prisioneiro de Cristo Jesus para o bem de vocês, gentios" (3.1); "Portanto, como prisioneiro no Senhor, suplico-lhes que vivam de modo digno do chamado que receberam" (4.1); e "Agora estou preso em correntes, mas continuo a anunciar essa mensagem como embaixador de Deus" (6.20).

Diferentemente de Gálatas, 2Coríntios e Colossenses, a carta de Paulo aos efésios não foi motivada por algum problema doutrinário ou ministerial. Na verdade, essa epístola pode ser considerada um excelente resumo do raciocínio teológico do apóstolo, uma espécie de "vista panorâmica" do pensamento de Paulo aplicado a questões como Deus, o mundo, a igreja, os meios de salvação, a conduta do cristão, o casamento e a batalha espiritual. A igreja, aliás, é um dos temas preponderantes. Usando uma linguagem sublime, elevada e inspiradora, Paulo explica a origem da igreja, sua natureza, seu fundamento e os meios usados por Deus para mantê-la neste mundo. De acordo com Paulo, a igreja faz parte de um plano divino arquitetado antes mesmo da Criação a fim de revelar toda a sua sabedoria:

> Mesmo antes de criar o mundo, Deus nos amou e nos escolheu em Cristo para sermos santos e sem culpa diante dele. Ele nos predestinou para si, para nos adotar como filhos por meio de Jesus Cristo, conforme o bom propósito de sua vontade. [...]
>
> O plano de Deus era mostrar a todos os governantes e autoridades nos domínios celestiais, por meio da igreja, as muitas formas da sabedoria divina. Esse era seu propósito eterno, que ele realizou por meio de Cristo Jesus, nosso Senhor. (1.4-5; 3.10-11)

Contudo, o apóstolo não trata da igreja apenas em termos teológicos — há também toda uma questão prática inerente à igreja, isto é, a conduta de um crente deve ser coerente com sua nova identidade em Cristo e se refletir em todos os seus relacionamentos: "Uma vez que ouviram falar de Jesus e foram ensinados sobre a verdade que vem dele, livrem-se de sua antiga natureza e de seu velho modo de viver, corrompido pelos desejos impuros e pelo engano" (4.21-22).

AUTORIA E DATA

Diferentemente de todas as cartas que estudamos até o momento, não existe um consenso de que o apóstolo Paulo seja o autor dessa epístola. Os estudiosos que argumentam contra a autoria paulina afirmam, entre outras coisas, que o vocabulário empregado em Efésios é bem diferente do encontrado em outras cartas que são indiscutivelmente paulinas: Romanos, 1 e 2Coríntios e Gálatas. Por outro lado, guarda semelhanças de linguagem com Colossenses, o que sugere que Efésios tenha sido escrito por um imitador de Paulo que se baseou na epístola à igreja de Colossos a fim de compor uma obra pseudônima.

Mas a questão do vocabulário não o único assunto polêmico na visão desses estudiosos. Para eles, Efésios apresenta também uma visão de igreja avançada e organizada demais para os padrões do primeiro século, já apresentando ministérios e funções específicas como apóstolos, profetas, evangelistas, pastores e mestres (4.11). Contudo, nenhum desses três argumentos nos impede de aceitar a posição tradicional de que Paulo de fato escreveu essa carta aos Efésios.

Vocabulário diferente. Paulo usa uma linguagem diferente em relação a suas principais cartas, justamente porque está tratando de assuntos diferentes em uma época diferente de sua vida. Convém lembrar: enquanto redigia essa carta, Paulo estava preso em Roma, aguardando julgamento de César. Paulo não seria o primeiro nem o último autor da história a empregar um estilo diferente de escrita ao longo de ocasiões distintas.

Semelhança com Colossenses. Isso pode ser explicado tendo em vista que possivelmente as duas cartas foram escritas na mesma época para atender a situações semelhantes. Paulo escreveu ambas durante o tempo em que esteve preso em Roma, e é provável que tenha escrito Efésios depois de Colossenses, ou seja, o apóstolo pode ter utilizado material semelhante e em comum nessas duas cartas. Além disso, é pouco provável que a igreja primitiva aceitasse obras pseudônimas como inspiradas; na verdade, há fartas evidências de que os Pais da Igreja rejeitaram muitas obras exatamente porque não tinham sido escritas por apóstolos ou por pessoas próximas do círculo apostólico. Com efeito, não houve dúvida na igreja cristã primitiva a respeito da canonicidade de Efésios, uma vez que ela é mencionada por Tertuliano, Clemente de Alexandria e Orígenes.[1]

A eclesiologia de Efésios. A maneira como Paulo descreve a igreja nessa carta é totalmente compatível com os relatos históricos narrados por Lucas em Atos, que mostram a igreja já nomeando oficiais com funções específicas dentro de sua comunidade local (At 6.1-6; 14.23; 15.22-34; 20.16-38)

Porém ainda falta mencionar o argumento mais óbvio em favor da autoria paulina. Pelo menos duas vezes Paulo se apresenta como autor da epístola (1.1; 3.1) e faz referências diretas à sua prisão (3.1; 6.20). Se recorrermos mais uma vez à historicidade de Atos, vemos que o apóstolo não apenas plantou a igreja nessa cidade (At 19) como também tinha um relacionamento próximo e afetuoso com os crentes de Éfeso.[2] Portanto, não temos dúvida da autoria paulina de Efésios, que provavelmente foi escrita por Paulo no início de sua primeira prisão em Roma, o que sugere uma data no início da década de 60 d.C.

DESTINATÁRIOS, OCASIÃO E PROPÓSITO

"Grande é a Ártemis dos efésios! Grande é a Ártemis dos efésios!" Quem sabe essas palavras, proferidas por uma multidão furiosa, ainda ressoassem na mente de Paulo ao escrever essa

[1]Possivelmente exista também alusões a Efésios até mesmo no *Didaquê*, documento escrito por volta de 120 d.C. para servir como uma espécie de catecismo para novos convertidos.

[2]Em Atos 20, vemos a comovente despedida de Paulo dos presbíteros dessa igreja: "Quando Paulo terminou de falar, ajoelhou-se e orou com eles. Todos choraram muito enquanto se despediam dele com abraços e beijos. O que mais os entristeceu foi ele ter dito que nunca mais o veriam. Então eles o acompanharam até o navio" (At 20.37-38).

carta. Por meio do relato de Lucas (At 19), sabemos que Paulo plantou a igreja de Éfeso em sua terceira viagem missionária e ficou naquela cidade por mais de dois anos. Um tempo marcado pelo agir de Deus — e também por muitos tumultos.

Nos dias em que Paulo viveu na cidade, Deus lhe concedeu "o poder de realizar milagres extraordinários" e, com isso, "a mensagem a respeito do Senhor se espalhou amplamente e teve efeito poderoso" (At 19.11,20). Mas isso não agradou a todos. Éfeso era famosa por cultuar a deusa Ártemis (também conhecida como Diana), em honra da qual um templo havia sido erigido, considerado uma das sete maravilhas do mundo antigo.[3] Esse templo movimentava parte importante da economia da cidade, uma vez que o comércio de imagens do templo e da deusa era lucrativo. A conta é simples: quanto mais o evangelho avançava, mais crentes confessavam Jesus como Messias, e menos imagens eram vendidas. E isso incomodou certo comerciante chamado Demétrio:

> Ele os reuniu a outros que trabalhavam em ofícios semelhantes e disse: "Senhores, vocês sabem que nossa prosperidade vem deste empreendimento. Mas, como vocês viram e ouviram, esse sujeito, Paulo, convenceu muita gente de que deuses feitos por mãos humanas não são deuses de verdade". (At 19.25-26)

Isso gerou grande tumulto na cidade, o que colocou em risco a vida não só de Paulo, mas também a de seus companheiros de viagem, Gaio e Aristarco. O tumulto logo arrefeceu, e "Paulo mandou chamar os discípulos e os encorajou. Então se despediu e partiu para a Macedônia" (At 20.1). Logo mais, o apóstolo seguiria para Jerusalém, onde seria preso e encaminhado para Roma.

[3] Através de descobertas arqueológicas, sabemos que também havia na cidade uma escola de bruxaria, o que explicaria a grande quantidade de adeptos do ocultismo convertidos durante o ministério de Paulo na cidade (At 19.18-20).

Em sua prisão, no coração do império, Paulo recebeu informações de que os crentes de Éfeso e de outras igrejas de cidades vizinhas estavam preocupados com ele e com o futuro das igrejas. Então o apóstolo escreveu com o objetivo de confortá-los, expondo a grandeza do plano de Deus para a igreja e como seu ministério aos gentios se encaixava nisso: "Portanto, peço-lhes que não desanimem por causa de minhas provações. É por vocês que sofro; a honra é de vocês" (Ef 3.13). A carta era para ser lida na igreja de Éfeso e depois nas outras igrejas da região, o que pode explicar por que Paulo não saúda pessoas de Éfeso pelo nome ao final, como é seu costume em outras cartas.

PASSAGENS DE DIFÍCIL INTERPRETAÇÃO

No que diz respeito a Efésios, o debate se concentra não apenas em seu autor, mas também acerca dos destinatários da carta. Vários manuscritos importantes omitem a expressão "em Éfeso"; é como se o texto dissesse: "Eu, Paulo, apóstolo de Cristo Jesus pela vontade de Deus, escrevo esta carta ao povo santo ______, seguidores fiéis de Cristo Jesus".

Alguns estudiosos sugerem que Paulo deixou em branco a parte dos destinatários com a intenção de que a carta fosse destinada a várias igrejas — daí também a falta de referências a pessoas específicas no fim da carta —, das quais Éfeso era a mais importante. De acordo com essa teoria, somente a carta que foi para Éfeso sobreviveu, dando origem às cópias nas quais aparece a expressão "em Éfeso". Essa hipótese não é tão improvável, contudo a grande maioria dos manuscritos traz a expressão "em Éfeso", e em outras cartas (Gálatas e Filipenses, por exemplo), Paulo também deixa de saudar pessoas no fim. Outra hipótese (esta sim bem improvável) defende que Efésios, na verdade, é a carta perdida de Paulo aos laodicenses, mencionada em

Colossenses 3.16. No entanto, não existe nenhum manuscrito no qual apareça a expressão "em Laodiceia" no início da carta.

Há ainda outra passagem de difícil interpretação em Efésios: "Notem que diz que 'ele subiu'. Por certo, isso significa que Cristo também desceu ao mundo inferior" (4.9). A polêmica aqui gira em torno da expressão "mundo inferior", traduzida de diversas formas, como "regiões inferiores da terra" (ARA), "profundezas da terra" (NVI) ou "mundo dos mortos" (NTLH). Entre as diversas interpretações oferecidas a essa expressão, três são as mais populares: (1) Cristo foi sepultado, (2) Cristo foi ao mundo dos mortos pregar o evangelho, (3) Cristo foi ao inferno declarar sua vitória aos homens e anjos condenados.

Apesar de defendidas por diversos estudiosos, as duas últimas opções criam um problema teológico: Será que Cristo queria dar àqueles que já haviam morrido uma segunda chance de crer nele e em seu evangelho? Na verdade, a explicação mais simples significa apenas que Jesus morreu e foi sepultado, uma vez que o contexto imediato desse versículo mostra que Paulo queria estabelecer um claro contraste entre a morte e ressureição de Jesus.

ESBOÇO

A maioria das epístolas paulinas se divide em duas grandes partes. Na primeira parte, Paulo busca tratar de temas teológicos e doutrinários; já na segunda, o apóstolo enfoca as implicações práticas desses temas. O mesmo modelo pode ser visto também em Efésios. Os capítulos 1—3 tratam de eclesiologia (doutrina da igreja) e do ministério apostólico. Já os capítulos 4—6 mostram como um cristão deve agir à luz do que foi exposto anteriormente pelo apóstolo.

Saudação (1.1-2)

Louvor a Deus pelas bênçãos em Cristo (1.3-14)

1.3-6: Eleitos pelo Pai

1.7-10: Redimidos pelo Filho
1.11-14: Selados pelo Espírito

Oração pela igreja (1.15-23)

Nossa posição em Cristo, como igreja (2.1—3.13)
2.1-10: Reconciliados com Deus e assentados com Cristo
2.11-22: Reconciliados com o povo de Deus e crescendo em graça
3.1-13: Destinatários e reveladores do mistério de Deus

Oração pela igreja e doxologia (3.14-21)

Nossa caminhada em Cristo: unidade e pureza (4.1—6.9)
4.1-16: Unidade e diversidade
4.17-24: Uma nova mente
4.25—5.17: Um novo andar: unidade, amor, pureza e sabedoria
5.18—6.9: O enchimento do Espírito
5.18-21: Em adoração e submissão uns aos outros
5.22—6.9: Submissão mútua em relacionamentos específicos

A luta contra as forças espirituais das trevas (6.10-20)
6.10-12: Chamado às "armas" contra nosso verdadeiro inimigo
6.13-20: Nossa armadura, armamento e estratégia

Saudações finais (6.21-24)[4]

COMO LER EFÉSIOS

- Em gratidão a Deus por sua Igreja, que se manifesta por meio das igrejas locais onde o evangelho é verdadeiramente ensinado.
- Em louvor a Deus pelo privilégio de fazer parte de seu povo eleito.
- Examinando nossa vida à luz dos ensinos de Paulo sobre como deve ser a conduta do cristão.

[4]Esboço elaborado com base na *Bíblia de Estudo da Fé Reformada*, editada por R.C. Sproul (São José dos Campos, SP: Fiel, 2022).

FILIPENSES

Tenham a mesma atitude demonstrada por Cristo Jesus. Embora sendo Deus, não considerou que ser igual a Deus fosse algo a que devesse se apegar.

FILIPENSES 2.5-6

TEMAS E CARACTERÍSTICAS CENTRAIS

- Cristo como modelo de humildade e serviço.
- Questões práticas da igreja, como progresso espiritual, vida caracterizada pela alegria e necessidade de humildade e união entre os irmãos.
- Refutação do legalismo pregado pelos judaizantes.
- Doutrina da justificação pela fé.

INTRODUÇÃO

Filipenses é uma das cartas mais afetuosas escritas por Paulo. Mesmo escrevendo de uma prisão romana,[1] Paulo mostra o quão feliz e satisfeito estava com o progresso na fé dos crentes de Filipos: "Todas as vezes que penso em vocês, dou graças a meu Deus. Sempre que oro, peço por todos vocês com alegria, pois são meus cooperadores na propagação das boas-novas" (1.4-5); "oro para que o amor de vocês transborde cada vez mais e que continuem a crescer em conhecimento e discernimento" (1.9).

De fato, a gratidão de Paulo aos filipenses é um dos principais motivos pelos quais essa carta foi escrita. O apóstolo havia acabado de receber uma generosa oferta dessa igreja, uma doação que foi levada até ele por Epafrodito (4.18). Esse tipo de ajuda era de extrema importância para alguém que estava sob o cárcere romano no primeiro século, tendo em vista que não era costume o império prover para as necessidades básicas daqueles que estavam detidos. Uma vez que Paulo não podia exercer sua profissão como fabricante de tendas na prisão, é bem provável que ele dependesse encarecidamente desse tipo de ajuda. É nesse contexto que surge da pena de Paulo uma das passagens mais belas e

[1]Filipenses, assim como Efésios, Colossenses e Filemom, é considerada uma das "cartas da prisão".

famosas (apesar de muitas vezes interpretada erroneamente) de seus escritos: "Sei viver na necessidade e também na fartura. Aprendi o segredo de viver em qualquer situação, de estômago cheio ou vazio, com pouco ou muito. Posso todas as coisas por meio de Cristo, que me dá forças" (4.12-13).

Filipenses também é notável por ser a única carta em que Paulo não apresenta repreensões e correções para a igreja como um todo, a não ser exortações brandas quanto à unidade da igreja — as advertências aqui são mais profiláticas do que cirúrgicas, ou seja, buscam prevenir em vez de corrigir algum problema. No que diz respeito à unidade, Paulo deseja desenvolver em seus leitores uma mentalidade semelhante à de Cristo, e é nesse ponto que a carta atinge seu ponto culminante, quando o apóstolo compõe[2] um dos primeiros hinos da história do cristianismo, conhecido como a *kenosis* de Cristo, isto é, seu esvaziamento, por amor de seu povo:

> Tenham a mesma atitude demonstrada por Cristo Jesus.
>
> Embora sendo Deus,
> não considerou que ser igual a Deus
> fosse algo a que devesse se apegar.
> Em vez disso, esvaziou a si mesmo;
> assumiu a posição de escravo
> e nasceu como ser humano.
> Quando veio em forma humana,
> humilhou-se e foi obediente até a morte,
> e morte de cruz.
>
> Por isso Deus o elevou ao lugar de mais alta honra
> e lhe deu o nome que está acima de todos os nomes,

[2]Não existe um consenso se de fato Paulo compôs esse hino ou se ele cita um hino de um compositor anônimo, mas não é improvável que o maior teólogo da história do cristianismo tenha composto essa joia teológica em forma de poesia!

para que, ao nome de Jesus,
todo joelho se dobre, nos céus, na terra e debaixo da terra,
e toda língua declare que Jesus Cristo é Senhor,
para a glória de Deus, o Pai. (2.5-11)

AUTORIA E DATA

Os principais estudiosos do Novo Testamento não questionam a autoria paulina de Filipenses. O próprio Paulo se apresenta logo no início da carta como seu autor e ainda acrescenta a informação de que Timóteo, um de seus principais discípulos, estava ao seu lado enquanto ele redigia a carta (1.1). Filipenses também possui um estilo e vocabulário muito semelhante a outros escritos paulinos, característica que também pode ser percebida logo no primeiro versículo. Em 1.1, Paulo apresenta a si mesmo e a Timóteo como "escravos de Cristo Jesus" e para isso usa o termo grego *doulos*, que também pode ser traduzido como "servo" e é utilizado pelo apóstolo em sua apresentação na carta a Tito e naquela que é considerada sua principal epístola, Romanos.

Ainda sobre as evidências internas da carta, Paulo inclui um esboço biográfico (3.5-6) e apresenta detalhes muito específicos sobre seu ministério, a situação delicada pela qual passava naquele momento e como os filipenses o ajudaram em momentos desafiadores de seu trabalho missionário: "Como sabem, filipenses, vocês foram os únicos que me ajudaram financeiramente quando lhes anunciei as boas-novas pela primeira vez e depois segui viagem saindo da Macedônia. Nenhuma outra igreja o fez. Até quando eu estava em Tessalônica, vocês enviaram ajuda em mais de uma ocasião" (4.14-16). Além disso, a autoria paulina de Filipenses era amplamente aceita na igreja primitiva e contava com o testemunho de Pais da Igreja como Policarpo, Ireneu e Clemente de Roma.

Em duas ocasiões, Paulo afirma que estava preso enquanto escrevia essa carta à igreja de Filipos: "Vocês têm participado comigo da graça, tanto em *minha prisão* como na defesa e confirmação das boas-novas" (1.7) e "pois todos aqui, incluindo toda a guarda do palácio, sabem que *estou preso* por causa de Cristo. E, por causa de *minha prisão*, a maioria dos irmãos daqui se tornou mais confiante no Senhor e anuncia a mensagem de Deus com determinação e sem temor" (1.13-14). Alguns estudiosos defendem a hipótese de que Paulo redigiu a carta enquanto estava preso em Cesareia, já que ficou detido lá por cerca de dois anos (At 24.23-27). Entretanto, Filipenses contém diversas evidências de que foi expedida de uma cela na capital do império. Além da menção à guarda pretoriana, Paulo cita em suas saudações finais que "todo o povo santo daqui lhes envia saudações, especialmente os que pertencem à casa de César" (4.22). Considerando que Paulo ficou preso em Roma no início da década de 60 d.C., é possível que ele tenha escrito Filipenses entre 60 e 62. Nessa época, a igreja em Filipos já tinha cerca de dez anos de existência, e Nero era o imperador romano.

DESTINATÁRIOS, OCASIÃO E PROPÓSITO

Paulo pregou o evangelho em Filipos durante sua segunda viagem missionária, mas podemos dizer que essa não era sua intenção inicial. Enquanto viajava pela região da Galácia, planejava seguir para o norte até a Bitínia (atual Turquia), "mas o Espírito de Jesus não permitiu" (At 16.7). Dessa forma, Paulo seguiu até o porto da cidade de Trôade, onde "teve uma visão, na qual um homem da Macedônia em pé lhe suplicava: Venha para a Macedônia e ajude-nos!" (At 16.9). Foi assim que o apóstolo, juntamente com seus companheiros Lucas, Timóteo e Silas, seguiram viagem até Filipos, importante colônia romana na província da Macedônia.

Além dessa visão, a plantação da igreja de Filipos envolveu muitos acontecimentos e lugares peculiares: a beira de um rio, a expulsão de um demônio que dizia a verdade e até mesmo uma prisão. Como não havia sinagoga na cidade, Paulo começou a evangelizar em uma reunião de oração de mulheres judias à beira de um rio próximo. Foi assim que Lídia, uma vendedora de púrpura natural de Tiatira, se tornou a primeira cristã da Macedônia.

Na sequência, Lucas relata que Paulo expulsou um espírito de uma escrava que previa o futuro, algo que dava muito dinheiro a seus donos. Essa moça não só previa acontecimentos futuros, mas também sabia quem de fato era Paulo e seus companheiros e qual era seu objetivo naquela cidade: "Estes homens são servos do Deus Altíssimo e vieram anunciar como vocês podem ser salvos!" (At 16.17). Com a saída do espírito foi-se também a expectativa de lucro dos senhores dessa jovem escrava. Indignados, esses homens incitaram toda a cidade contra Paulo e Silas, que foram severamente açoitados e lançados na prisão.

À meia-noite, mesmo encarcerados, Paulo e Silas prestavam culto ao Senhor com orações e hinos que ecoavam por toda a prisão e que subiram até o céu: "De repente, houve um forte terremoto, e até os alicerces da prisão foram sacudidos. No mesmo instante, todas as portas se abriram e as correntes de todos os presos se soltaram" (At 16.26). Esse milagre, aliado ao testemunho de Paulo e Silas por não terem fugido da cela, produziu mais convertidos em Filipos: o carcereiro e toda a sua família.

É bem provável que muitos outros gregos e romanos tenham se convertido ao evangelho posteriormente.[3] Esse público gentio era suscetível à pregação dos judaizantes, e é por isso que Paulo alerta os filipenses contra esses falsos mestres que estavam começando

[3]A ausência de uma sinagoga em Filipos e a falta de referências ao AT na carta indicam que havia poucos ou nenhum judeu convertido nessa igreja.

a aparecer naquela região: "Cuidado com os cães, aqueles que praticam o mal, os mutiladores que exigem a circuncisão" (3.2).

Com exceção de Lídia, os demais membros da igreja eram pobres, porém extremamente generosos (2Co 8.1-2), uma das características que motivou a escrita de Paulo. Mas o apóstolo não queria apenas agradecê-lo; também desejava encorajar os filipenses por meio de seu testemunho como um prisioneiro do império: sua prisão estava sendo usada por Deus para levar avante o evangelho em Roma, e seu testemunho certamente ajudaria os próprios filipenses, que também experimentavam perseguições por causa do Caminho.

PASSAGENS DE DIFÍCIL INTERPRETAÇÃO

Será que o apóstolo Paulo defendia que os fins justificam os meios? À primeira vista é o que parece quando deparamos com Filipenses 1.18: "Mas nada disso importa. Sejam as motivações deles falsas, sejam verdadeiras, a mensagem a respeito de Cristo está sendo anunciada, e isso me alegra. E continuarei a me alegrar".

Essa declaração de Paulo tem sido interpretada como base para defender que não importam as intenções das pessoas e os meios que elas usam, se Cristo está sendo anunciado, então tudo bem. Nesse sentido, esse versículo pode ser usado para justificar todo tipo de absurdo nos cultos e na pregação de muitas igrejas que se dizem evangélicas. Na verdade, o apóstolo se refere aqui a seus acusadores judeus que, ao apresentarem acusações contra Paulo diante do imperador, diziam que o apóstolo estava pregando que Jesus estava vivo e que mediante a fé nele as pessoas podiam ser salvas. Ao fazer isso, mesmo sem saber, eles acabavam "pregando a Cristo" diante das autoridades romanas. Era isso que fazia Paulo sorrir e se alegrar mesmo diante de um tribunal que podia decidir se ele deveria morrer ou não.

ESBOÇO

Essa não é uma carta caracterizada pela exposição e explicação de grandes temas teológicos. Em Filipenses, vemos o lado mais afetuoso de Paulo, que começa essa carta com um profundo sentimento de gratidão por aquela igreja. A fim de incentivar seus leitores a permanecerem fiéis, Paulo recorre a seu próprio exemplo de abnegação e, principalmente, ao exemplo de Cristo, que "embora sendo Deus, não considerou que ser igual a Deus fosse algo a que devesse se apegar" (2.6).

Saudação (1.1-2)

Abertura: ação de graças e oração (1.3-11)

A verdade do evangelho (1.12—2.30)
- **1.12-14:** A prisão de Paulo
- **1.15-18:** Mensageiros rivais
- **1.19-26:** As perspectivas de Paulo
- **1.27—2.4:** Um chamado à unidade
- **2.5-11:** O exemplo de Cristo
- **2.12-18:** Mais um chamado à unidade
- **2.19-30:** Dois colaboradores de Paulo no evangelho

A verdade contra o erro (3.1— 4.1)
- **3.1-11:** O evangelho contra os legalistas
- **3.12-16:** O já e o ainda não
- **3.17—4.1:** O evangelho contra os libertinos

Exortações (4.2-9)

Ação de graças (4.10-20)
- **4.10-13:** Contentamento
- **4.14-20:** Parceria

Saudação final e bênção (4.21-23)[4]

[4] Esboço feito com base na *Bíblia de Estudo da Fé Reformada*, editada por R.C. Sproul (São José dos Campos: Fiel, 2022).

COMO LER FILIPENSES

- Buscando seguir o exemplo de humildade e serviço demonstrado por Jesus.
- Inspirado pela generosidade dos filipenses.
- Disposto a viver com alegria e contentamento, mesmo em meio às tribulações.

COLOSSENSES

Vocês estavam mortos por causa de seus pecados e da incircuncisão de sua natureza humana. Então Deus lhes deu vida com Cristo, pois perdoou todos os nossos pecados. Ele cancelou o registro de acusações contra nós, removendo-o e pregando-o na cruz. Desse modo, desarmou os governantes e as autoridades espirituais e os envergonhou publicamente ao vencê-los na cruz.

COLOSSENSES 2.13-15

TEMAS E CARACTERÍSTICAS CENTRAIS

- A cristologia, isto é, a pessoa de Cristo e sua obra.
- Refutação da chamada "heresia de Colossos", movimento que misturava conceitos judaicos, gnósticos, platônicos e até mesmo cristãos.
- É provável que Timóteo tenha sido o redator dessa epístola.
- A liberdade conquistada pela morte e ressurreição de Cristo.

INTRODUÇÃO

"Lembrem-se que estou na prisão" — é assim que Paulo conclui essa carta. As últimas palavras do apóstolo escritas à igreja de Colossos não apenas ressoam como um lembrete de que essa epístola foi escrita por Paulo durante seu encarceramento em Roma, mas também, de forma quase irônica, lembram aos crentes de Colossos a liberdade por meio da fé em Cristo, uma liberdade que estava sendo posta em xeque por ensinos espúrios e contrários ao evangelho.

Assim como as outras cartas do Novo Testamento, Colossenses funcionou como um substituto da presença de Paulo naquela igreja, uma vez que o apóstolo estava impossibilitado de visitar os irmãos por causa de sua prisão, situação que ele também enxergava como uma oportunidade: "Orem também por nós, para que Deus nos dê muitas oportunidades de falar do segredo a respeito de Cristo. É por esse motivo que sou prisioneiro" (4.3). Em Colossenses, vemos Paulo em uma de suas melhores formas, combinando exortações práticas à igreja com uma teologia primorosa e profunda — uma das melhores demonstrações da dupla vocação de Paulo como mestre e também pastor.

Nessa carta, Paulo expressa poeticamente a supremacia de Jesus sobre toda a criação e sobre o plano de redenção (1.15-20), ao mesmo tempo que combate uma séria ameaça à unidade e à sobrevivência da igreja (2.6-23) e ainda aproveita para dar conselhos práticos sobre como o evangelho deveria pautar a conduta dos colossenses, seja no âmbito privado (3.5), na igreja (3.12-15), em suas casas (3.18—4.1) e na comunidade em geral (4.5-6). Não à toa essa é uma carta tão querida pelos cristãos, que nela encontram não somente revelação sobre a pessoa maravilhosa de Cristo, como também instruções claras sobre como viver a vida cristã neste mundo.

Dentre tantos temas, um se destaca como sendo a motivação principal para Paulo escrever essa carta: a heresia colossense. Esse era um assunto tão premente que levou Epafras — o provável fundador dessa igreja — a viajar até Roma para buscar, pessoalmente, uma orientação do apóstolo sobre como lidar com a situação. Ao ouvir o relato de Epafras, Paulo, algemado, passa a ditar a Timóteo o que escrever: "Eu, Paulo, apóstolo de Jesus Cristo pela vontade de Deus, escrevo esta carta, junto com nosso irmão Timóteo, aos irmãos fiéis em Cristo, o povo santo na cidade de Colossos. Que Deus, nosso Pai, lhes dê graça e paz" (1.1-2).

AUTORIA E DATA

Mesmo com essa identificação logo no início, muitos estudiosos, principalmente os expoentes da teologia liberal no século 19, passaram a levantar dúvidas se Paulo, de fato, teria escrito Colossenses. Os argumentos que buscam questionar a autoria paulina são bastante semelhantes às tentativas de desacreditar Paulo como o autor de Efésios.

O primeiro argumento é que o vocabulário de Colossenses é bem diferente daquele usado nas cartas inquestionáveis de Paulo, como Romanos, 1 e 2Coríntios e Gálatas. Além disso, Colossenses parece apresentar uma cristologia muito elaborada e avançada para o primeiro século, refletindo uma etapa posterior da igreja, quando a concepção dos cristãos acerca da divindade de Cristo havia amadurecido. Ainda outro ponto que lança dúvidas sobre a autoria paulina é o fato de o autor combater o gnosticismo, uma heresia consolidada apenas no segundo século, muitos anos após a morte de Paulo. Por fim, há ainda quem argumente que a semelhança com Efésios[1] pode sugerir que Colossenses, sendo menor, é um resumo de Efésios porém com um foco maior para a cristologia. De acordo com essa hipótese, a carta teria sido escrita por um admirador de Paulo no segundo século, que usou Efésios como base para sua obra pseudônima.

São muitos os argumentos, e no entanto todos passíveis de refutação. A diferença entre linguagem e vocabulário pode ser explicada pelo fato de Paulo ter escrito essa carta numa época diferente das cartas principais, tendo diferentes assuntos em mente. Também não há nada na cristologia de Colossenses que já não tenha aparecido nos Evangelhos ou nas cartas principais de Paulo. A divindade de Jesus era algo que desde cedo fez parte da crença dos cristãos e serviu de base para o relato dos Evangelhos: "Este é o princípio das boas-novas a respeito de Jesus Cristo, o Filho de Deus" (Mc 1.1); "Estes, porém, estão registrados para que vocês creiam que Jesus é o Cristo, o Filho de Deus, e para que, crendo nele, tenham vida pelo poder do seu nome" (Jo 20.31).

Quanto à questão acerca do gnosticismo, de fato esse é um movimento que ganha força a partir do segundo século, mas suas ideias principais já permeavam a sociedade e o pensamento religioso do mundo antigo no primeiro século, especialmente o conceito de salvação por um conhecimento secreto (*gnose*) reservado

[1] Um exemplo dessa semelhança entre as duas epístolas pode ser percebido já na saudação inicial, em que Paulo se refere a seus leitores como "irmãos fiéis" (*pistois adelfois*), expressão utilizada apenas em Colossenses e em Efésios.

a uma elite espiritual e o dualismo entre matéria (má) e espírito (bom). Por fim, a semelhança entre Colossenses e Efésios pode decorrer do fato de que ambas foram escritas na mesma época e na mesma ocasião: a prisão em Roma. Ainda assim, não são cartas exatamente idênticas. Falta a Efésios a cristologia e heresiologia de Colossenses, bem como as saudações pessoais ao final. E falta a Colossenses as referências à Trindade, ao Espírito e à eleição, que abundam em Efésios.

Para concluir, ainda há outro detalhe que pesa a favor de Paulo como autor de Colossenses: Filemom, uma epístola incontestavelmente paulina, menciona os mesmos personagens citados por Paulo em Colossenses, como Onésimo, Arquipo, Timóteo, Epafras, Marcos, Demas e Lucas. Essa evidência ganha ainda mais força quando sabemos que Filemom, o destinatário da carta homônima de Paulo, morava em Colossos.

Quanto à data, Colossenses foi escrita durante a primeira prisão de Paulo em Roma, por volta de 61 e 62 d.C., na mesma ocasião em que escreveu Efésios e as demais cartas da prisão (Filipenses e Filemom). A carta de Colossenses foi levada à igreja por Tíquico e Onésimo (4.7-9). Provavelmente, eles levaram também uma carta de Paulo endereçada à igreja de Laodiceia (4.16) — carta que infelizmente se perdeu e, por isso, não foi incluída no cânon neotestamentário.

DESTINATÁRIOS, OCASIÃO E PROPÓSITO

Diferentemente das igrejas localizadas em Éfeso e em Filipos, Paulo não plantou a igreja em Colossos, uma vez que o próprio apóstolo deixa claro em sua carta que não conhecia pessoalmente os crentes para os quais estava escrevendo (2.1). Epafras, além de provável fundador dessa igreja, também era seu pastor na época que Paulo escreveu a carta: "Vocês aprenderam as boas-novas por meio de Epafras, nosso amado colaborador. Ele é servo fiel de Cristo e nos tem ajudado em favor de vocês" (1.7).

Epafras pode ter se convertido durante os três anos de ministério de Paulo em Éfeso. Em Atos, lemos que durante os mais de dois anos que Paulo pregou em Éfeso "todos os habitantes da província da Ásia ouviram a palavra do Senhor, tanto judeus como gregos" (At 19.10). Depois de sua conversão, Epafras começou o trabalho cristão em Colossos e talvez em Laodiceia e Hierápolis, cidades próximas (2.1; 4.13,15).

Foi Epafras o responsável por levar até Paulo as notícias de um falso ensino que ameaçava essa igreja: a heresia de Colossos. É assim que os estudiosos se referem a esse falso ensino que aparentemente ficou restrito apenas àquela região. Essa questão teológica combatida por Paulo não era exatamente um sistema religioso, mas sim uma crença sincrética capaz de combinar filosofia platônica, legalismo judaico e elementos gnósticos. Essa heresia oferecia plenitude espiritual e sabedoria através da guarda de ritos judaicos: "Portanto, não deixem que ninguém os condene pelo que comem ou bebem, ou por não celebrarem certos dias santos, as cerimônias da lua nova ou os sábados" (2.16; ver também 2.8,11; 3.11). Além disso, pregava certo tipo de misticismo, representado por um culto prestado a seres celestiais: "Não aceitem a condenação daqueles que insistem numa humildade fingida e na adoração de anjos e que alegam ter visões a respeito dessas coisas" (2.18). Os hereges colossenses incentivavam ainda seus adeptos a buscarem um nível maior de santidade ao se absterem de certos alimentos ou evitarem o contato físico com objetos impuros:

> Vocês morreram com Cristo, e ele os libertou dos princípios espirituais deste mundo. Então por que continuar a seguir as regras deste mundo, que dizem: "Não mexa! Não prove! Não toque!"? Essas

regras não passam de ensinamentos humanos sobre coisas que se deterioram com o uso. Podem até parecer sábias, pois exigem devoção, abnegação e rigorosa disciplina física, mas em nada contribuem para vencer os desejos da natureza pecaminosa. (2.20-23)

Paulo sabia que o único meio de vencer nossa natureza pecaminosa é a fé na obra redentora, algo aparentemente simples, mas que não era percebido por esses hereges nessa estranha mistura de conceitos religiosos. No fim, os proponentes dessa heresia buscavam diminuir a obra de Cristo exigindo acréscimos para que alguém fosse salvo. Paulo, inteligente como era, percebeu isso nas entrelinhas do relato de Epafras, e é por isso que a epístola aos Colossenses exalta de maneira notável a pessoa e o ministério do Senhor Jesus. A estratégia de Paulo não foi criticar diretamente o ensino desses falsos mestres, mas mostrar a seus leitores que os cristãos já tinham tudo o que é possível receber, da parte de Deus, aqui neste mundo: justificação, perdão de pecados, comunhão com Deus e a vida eterna. Para Paulo, bastavam poucas palavras para desmantelar um aparente sofisticado sistema religioso: "Agora, porém, ele os reconciliou consigo por meio da morte do Filho no corpo físico. Como resultado, vocês podem se apresentar diante dele santos, sem culpa e livres de qualquer acusação" (1.22).

PASSAGENS DE DIFÍCIL INTERPRETAÇÃO

Colossenses 1.15-20 é um hino belíssimo, mas seu tom poético também contém alguma polêmica. O que exatamente o apóstolo quis dizer ao afirmar que Cristo é o "*primogênito* de toda a criação" (1.15, ARA)? Ora, "primogênito" significa que alguém foi gerado primeiro, e alguma seitas defendem a ideia de que Cristo foi o primeiro ser criado por Deus, antes mesmo de criar o mundo. Portanto, Jesus não é Deus e sim a mais importante de suas criaturas.

O debate acerca da interpretação do termo "primogênito" é antigo e segue como argumento para muitas seitas ainda hoje. O herético Ário (260-336 d.C.), o "fundador" do arianismo, negava a divindade de Cristo, argumentando que Deus, sendo um, nunca poderia compartilhar seu ser com outra pessoa. O arianismo foi fortemente condenado pelos primeiros concílios da igreja cristã, especialmente o de Niceia (325 d.C), o qual produziu o Credo Niceno, uma contundente defesa da igreja contra Ário e a favor da divindade de Jesus.[2] Atualmente, seitas como as Testemunhas de Jeová adotam essa interpretação do termo primogênito para dizer que Cristo foi o primeiro ser criado e que, portanto, não é Deus. Isso põe em dúvida uma das doutrinas mais essenciais e distintivas da fé cristã: a Trindade.

Entretanto, ao examinar a passagem mais de perto, verificamos que Paulo não usa o termo "primogênito" para falar da origem de Cristo, mas de seus direitos. Assim como um filho mais velho herdava tudo de seu pai, Cristo, sendo Deus Filho, é o herdeiro e governante de toda a criação.

ESBOÇO

Colossenses, a exemplo de outras cartas paulinas, pode ser dividida em duas grandes seções. A primeira (1—2) é mais teológica e enfatiza a supremacia de Cristo sobre a igreja e sobre a antiga aliança, marcada pela obediência à lei. Na segunda parte (3—4), o apóstolo instrui seus leitores sobre como deveriam viver à luz de

[2]Destaque para o trecho em que esse Credo afirma: "Creio em um Deus, Pai Todo-poderoso, Criador do céu e da terra, e de todas as coisas visíveis e invisíveis; e em um Senhor Jesus Cristo, o unigênito Filho de Deus, gerado pelo Pai antes de todos os séculos, Deus de Deus, Luz da Luz, verdadeiro Deus de verdadeiro Deus, gerado não feito, de uma só substância com o Pai". Ver o texto completo em: <https://www.monergismo.com/textos/credos/credoniceno.htm>.

sua nova natureza. Para o apóstolo, todas as áreas da vida devem estar sujeitas ao senhorio de Cristo.

Saudação e ação de graças (1.1-23)

- **1.1-2:** Saudação
- **1.3-8:** Ação de graças pela recepção do evangelho em Colossos e no mundo inteiro
- **1.9-14:** Viver uma vida digna do Senhor
- **1.15-20:** Exaltação poética de Cristo
- **1.21-23:** Permanecer firme na fé

Corpo da carta (1.24—2.23)

- **1.24—2.5:** Comissão, mensagem e luta de Paulo
- **2.6-23:** Plenitude espiritual em Cristo e ameaças de uma filosofia

Advertências éticas (3.1—4.6)

- **3.1-4:** Colocando seu coração nas coisas do alto
- **3.5-17:** A antiga e a nova moralidade
- **3.18—4.1:** Instruções sobre a família
- **4.2-6:** Exortação à oração incansável e ao comportamento sábio

Saudações finais (4.7-18)

COMO LER COLOSSENSES

- Atento à firmeza com que Paulo enfrenta os falsos ensinamentos, especialmente aqueles que diminuem a suficiência de Cristo para a salvação.
- Examinando a essência de sua fé: Confio somente no Senhor para minha redenção?
- Lembrando que nossas atitudes devem ser condizentes com a nossa "nova natureza" (Cl 3.10).[3]

[3]Caso deseje se aprofundar no entendimento da carta aos Colossenses, recomendo também meu livro *A supremacia e a suficiência de Cristo: A mensagem de Colossenses para a igreja de hoje* (São Paulo: Vida Nova, 2013).

1 e 2

TESSALONICENSES

Porque Deus decidiu nos salvar por meio de nosso Senhor Jesus Cristo, em vez de derramar sua ira sobre nós. Cristo morreu por nós para que, quer estejamos despertos, quer dormindo, vivamos com ele para sempre.

1TESSALONICENSES 5.9-10

Somos sempre gratos porque Deus os escolheu para estarem entre os primeiros a receber a salvação por meio do Espírito que os torna santos e pela fé na verdade.

2TESSALONICENSES 2.13

TEMAS E CARACTERÍSTICAS CENTRAIS

- Algumas das primeiras cartas escritas pelo apóstolo Paulo.
- Epístolas repletas de ensinamentos sobre escatologia, isto é, a segunda vinda de Cristo e o fim dos tempos.
- Tessalônica era uma cidade marcada pela diversidade religiosa, abrigando uma sinagoga, mas também sediando cultos a muitos deuses pagãos.
- Em 2Tessalonicenses, encontramos uma das passagens mais claras e detalhadas sobre a figura escatológica do anticristo.

INTRODUÇÃO

Paulo não teve uma estada tranquila na cidade de Filipos. Em Atos 16, vemos que nessa cidade Paulo e Silas se viram diante de uma multidão furiosa, foram despidos, severamente açoitados e presos sem ao menos passar por julgamento formal. Uma experiência assim traumática poderia facilmente levar alguém a desistir — mas não foi isso que aconteceu com Paulo e Silas; eles sabiam por que, ou melhor, por *quem* estavam sofrendo: "Por isso aceito com prazer fraquezas e insultos, privações, perseguições e aflições que sofro por Cristo" (2Co 12.10).

É com essa mentalidade que essa dupla de missionários, após serem libertos do cárcere — e ainda sentindo o peso dos açoites em suas costas —, seguem viagem para alcançar novas pessoas: "Então Paulo e Silas passaram pelas cidades de Anfípolis e Apolônia e chegaram a Tessalônica, onde havia uma sinagoga judaica. Como era seu costume, Paulo foi à sinagoga e, durante três sábados seguidos, discutiu as Escrituras com o povo" (At 17.1-2).

Tessalônica era uma cidade portuária e estratégica para o comércio na região da Macedônia, características que atraíram uma grande colônia de judeus que estabeleceram ali uma sinagoga, onde Paulo começou a pregar as boas-novas a respeito de

Jesus. Não demorou muito para que um grande número de judeus e gregos se convertesse à fé cristã por meio de sua pregação (At 17.1-4). A pronta disposição dos tessalonicenses em abandonar seus muitos ídolos e voltar-se a Cristo se tornou um exemplo para as outras igrejas da época:

> Assim, apesar do sofrimento que isso lhes trouxe, vocês receberam a mensagem com a alegria que vem do Espírito Santo e se tornaram imitadores nossos e do Senhor. Com isso, tornaram-se exemplo para todos os irmãos na Grécia, tanto na Macedônia como na Acaia. [...] as pessoas têm comentado sobre como vocês nos acolheram e como deixaram os ídolos a fim de servir ao Deus vivo e verdadeiro. (1Ts 1.6-7,9)

Contudo, essa situação favorável para Paulo e seus companheiros de viagem não durou muito tempo. Ao ouvir sobre o sucesso da pregação de Paulo, alguns judeus, motivados por inveja, promoveram uma grande perseguição contra Paulo e os novos cristãos. Ironicamente, a principal acusação desses judeus contra o apóstolo e sua equipe de viagem não continha nenhum traço de mentira: "afirmam que existe um outro rei, um tal de Jesus" (At 17.7).

Diante desse alvoroço, Paulo e Silas mais uma vez precisaram sair de uma cidade e ir para outra. Desta vez o destino seria Bereia, onde "os judeus tinham a mente mais aberta que os de Tessalônica e ouviram a mensagem de Paulo com grande interesse" (At 17.11). Mesmo distantes, porém, eles ainda se preocupavam com os tessalonicenses a ponto de tentar por várias vezes voltar a vê-los: "Queríamos muito visitá-los, e eu, Paulo, tentei não apenas uma vez, mas duas; Satanás, porém, nos impediu" (1Ts 2.18).

AUTORIA E DATA

Na verdade, não existe um debate muito sólido acerca da autoria dessas cartas; para muitos especialistas em Novo Testamento, 1 e 2Tessalonicenses possuem *status* de autenticidade semelhante às cartas cuja autoria paulina não é contestada: Romanos, 1 e 2Coríntios e Gálatas.

Ambas as cartas endereçadas aos crentes de Tessalônica apresentam fortes evidências de que Paulo as escreveu. O apóstolo, por exemplo, compartilha a autoria com Silvano (forma grega para o nome de Silas) e Timóteo — em Atos 17, vemos que Silas estava com Paulo em Tessalônica quando essa igreja começou a ser plantada (At 17.1). Um deles pode até mesmo ter redigido 2Tessalonicenses entregando a pena para Paulo colocar seu "selo de autenticação" ao final da carta: "Aqui está minha saudação de próprio punho: Paulo. Assim faço em todas as minhas cartas para provar que eu mesmo as escrevi" (2Ts 3.17).

Ainda assim, algumas objeções são levantadas contra 2Tessalonicenses, sob o argumento de que esta apresenta uma escatologia diferente da primeira carta enviada por Paulo. Em 1Tessalonicenses, vemos Paulo aparentemente defender uma vinda iminente de Cristo (4.13—5.1). Já na segunda carta, Paulo parece condicionar a segunda vinda de Cristo a determinados acontecimentos relacionados, principalmente, ao surgimento do anticristo: "Não se deixem enganar pelo que dizem, pois esse dia não virá até que surja a rebelião e venha o homem da perversidade, aquele que traz destruição" (2Ts 2.3). No entanto, esse conflito é apenas aparente. As duas cartas apresentam o mesmo quadro e se complementam: a vinda do Senhor será repentina, mas não ocorrerá antes que o anticristo se manifeste.

A primeira carta aos tessalonicenses é considerada o primeiro documento escrito por Paulo. Uma data estimada é 50-51 d.C., quando Paulo estava em Corinto; a segunda carta partiu da mesma cidade não muito depois.

DESTINATÁRIOS, OCASIÃO E PROPÓSITO

Na cidade de Corinto, Paulo seguia sua mesma estratégia de evangelização, o mesmo método que empregava em todas as cidades pelas quais passava e onde havia uma sinagoga, como também foi o caso em Tessalônica: aos sábados ele se dirigia a esse lugar de encontro dos judeus a fim de pregar tanto para estes quanto para os gregos que também se reuniam com frequência ali. Lucas relata que Paulo ficou em Corinto por cerca um ano e meio (At 18.11), mas o fato de estar em uma cidade não significava que Paulo não se preocupava com aqueles em outras cidades que ouviram as boas-novas por seu intermédio.

Passados alguns meses, Paulo enviou Timóteo em uma viagem a Tessalônica a fim de coletar informações sobre aquela igreja incipiente: "Assim, quando não pude mais suportar, enviei Timóteo para saber se continuavam firmes na fé. Tinha receio de que o tentador os tivesse vencido e todo o nosso trabalho houvesse sido inútil" (1Ts 3.5). Timóteo não conhecia Tessalônica, e muitos estudiosos sugerem que ele foi enviado justamente porque nenhum dos agitadores da cidade sabia quem ele era. Ao desembarcar no porto, Timóteo deparou com uma cidade grande, próspera e cosmopolita. Tessalônica era a capital da Macedônia, uma província do Império Romano, onde hoje é a Grécia. Era uma cidade portuária, com comércio intenso e diversidade religiosa, com cultos a deuses como Isis, Sarapis e Dionísio (ou Baco), o deus do vinho e das festas. Em suma, a cidade perfeita para que Paulo colocasse seu método missionário em prática, pois era administrada por romanos e ainda possuía forte influência judaica — públicos distintos e necessitados de ouvir a mesma mensagem: o evangelho.

No meio de tanta gente de lugares e culturas diferentes, "o filho amado" de Paulo (2Tm 1.2) encontra uma comunidade de crentes no Senhor Jesus formada por judeus, gregos e homens importantes e influentes. Todos tinham ouvido Paulo pregar, sábado após sábado, na sinagoga (At 17.2-3). Após passar um tempo com esses irmãos na fé, Timóteo retorna a Corinto e conta a Paulo o que presenciou durante o tempo em que esteve na Macedônia:

> Timóteo voltou trazendo boas notícias a respeito de sua fé e seu amor. Ele nos contou que vocês se lembram sempre com alegria de nossa visita e que desejam nos ver tanto quanto nós queremos vê-los. Por isso, irmãos, apesar de nossos sofrimentos e dificuldades, ficamos animados porque vocês permaneceram firmes na fé. Agora, revivemos por saber que estão firmes no Senhor. (1Ts 3.6-8)

De fato, essas eram boas notícias! Os tessalonicenses estavam firmes na fé, amavam o apóstolo Paulo, mas também tinham muitas perguntas — algo natural considerando o pouco tempo que Paulo havia passado com eles — sobre o amor fraternal, a segunda vinda de Cristo, a ressurreição dos mortos, e assim por diante. Mas, havia também aqueles convertidos que estavam questionando os motivos de Paulo ter fundado a igreja entre eles, pois os "abandonou" quando a perseguição surgiu (1Ts 3.6-10). Tudo isso motivou o apóstolo a escrever sua primeira carta, a fim de tratar de todas essas questões.

Aparentemente, aquilo que Paulo escreveu na primeira carta sobre a vinda de Cristo não foi muito bem entendido pelos tessalonicenses, que pensaram que o dia do Senhor havia chegado. Alguns haviam até mesmo parado de trabalhar. Paulo, então, escreve a segunda carta visando corrigir esse entendimento errado sobre a vinda do Senhor: "Agora, irmãos, vamos esclarecer algumas coisas a respeito da vinda de nosso Senhor Jesus Cristo e de nosso encontro com ele. Não se deixem abalar nem assustar tão facilmente por aqueles que dizem que o dia do Senhor já começou" (2Ts 2.1-2).

PASSAGENS DE DIFÍCIL INTERPRETAÇÃO

Uma passagem de 1Tessalonicenses que desafia os tradutores é "cada um deve aprender a *controlar* o próprio *corpo* e assim viver em santidade e honra" (4.4). Essas duas palavras destacadas podem ser traduzidas de maneiras diversas, permitindo diferentes interpretações:

> "Que cada um de vós saiba possuir o próprio corpo em santificação e honra" (ARA).

> "Que cada um saiba viver com a sua esposa de um modo que agrade a Deus, com todo o respeito" (NTLH).

> "Que cada um de vocês aprenda a conseguir esposa em santificação e honra" (NVI).

Embora a tradução dessas palavras exija decisões difíceis por parte dos tradutores, a maioria das versões segue o entendimento de que Paulo está orientando os tessalonicenses a ter domínio próprio na área sexual, o que envolveria também casar-se e ser fiel à esposa.

Em 2Tessalonicenses, por sua vez, várias passagens desafiam os intérpretes, especialmente a identidade do anticristo citado por Paulo em 2.1-12. Destaquemos o seguinte trecho: "Portanto, *Deus fará que sejam enganados*, e eles crerão nessas mentiras. Então serão condenados por ter prazer no mal em vez de crer na verdade" (2.11-12). Paulo está dizendo que o próprio Deus envia o erro para que as pessoas creiam na mentira e sejam condenadas? Como um Deus justo e santo pode fazer isso?

A dificuldade é amenizada quando consideramos o contexto mais amplo dessa passagem. Essas pessoas às quais Paulo se refere haviam tomado conhecimento da verdade, mas a rejeitaram completamente: "pois se recusam a amar e a aceitar a verdade que os salvaria" (2.10). Não somente isso, elas também se alegraram com o erro, com a injustiça e já haviam sido iludidas pelos falsos profetas, que realizaram sinais e prodígios de mentira (2.9-10).

Diante desse cenário desolador, Deus age de maneira justa ao entregar essas pessoas a seu próprio coração rebelde, e confirma a condenação delas enviando o erro e a mentira, para que sejam confirmadas mais e mais na condenação eterna. Um raciocínio semelhante é empregado por Paulo em sua carta aos romanos, ao dizer que Deus entrega os pecadores aos desejos ímpios de seus próprios corações: "Uma vez que consideraram que conhecer a Deus era algo inútil, o próprio Deus os entregou a um inútil modo de pensar, deixando que fizessem coisas que jamais deveriam ser feitas" (Rm 1.28; ver também 1.24-26). Que verdade terrível! O pior castigo que Deus pode dar ao pecador rebelde é entregá-lo a seus desejos pecaminosos, de forma que no dia do Senhor ele seja julgado e condenado ao inferno.

ESBOÇO

A igreja de Tessalônica era formada por cristãos recém-convertidos que tinham muitas dúvidas sobre doutrinas e também sobre como o evangelho deveria impactar a conduta de um cristão. É por isso que nessas cartas Paulo busca explicar, por exemplo, o que acontece com os crentes que morreram em Cristo e como será a segunda vinda de Jesus. À luz dessas verdades, o apóstolo instrui seus leitores a viverem uma vida marcada pela santidade e pelo serviço.

1Tessalonicenses

Abertura (1.1)

Ação de graças pela fé dos tessalonicenses (1.2-10)

Defesa e explicações (2.1—3.10)

2.1-16: Paulo defende seu ministério em Tessalônica

- **2.17—3.10:** Paulo justifica sua ausência

Oração de transição (3.11-13)

Exortações aos tessalonicenses (4.1—5.22)

- **4.1-12:** Agradar a Deus na conduta sexual e no amor aos outros
- **4.13-18:** Conforto em relação aos cristãos falecidos na volta de Cristo
- **5.1-11:** Conforto em relação aos cristãos vivos na volta de Cristo
- **5.12-22:** Exortações sobre vida e adoração congregacionais

Encerramento (5.23-28)

2Tessalonicenses

Abertura (1.1-2)

Ação de graças e oração (1.3-12)

- **1.3-4:** Encorajamento ao crescimento espiritual em face da perseguição
- **1.5-10:** Conforto em relação ao justo juízo de Deus
- **1.11-12:** Oração para que Deus opere na vida dos tessalonicenses

Conforto referente ao Dia do Senhor (2.1-17)

- **2.1-2:** Medo de que "o dia do Senhor já chegou"
- **2.3-12:** Eventos que devem preceder o Dia do Senhor
- **2.13-14:** Deus é a garantia da salvação
- **2.15:** Permaneçam firmes nos ensinamentos de Paulo
- **2.16-17:** Oração para que Deus conforte os tessalonicenses

Exortações relativas aos membros ociosos da igreja (3.1-15)

- **3.1-5:** A obra do Senhor no ministério de Paulo e na igreja de Tessalônica
- **3.6-15:** Uma exortação aos ociosos

COMO LER 1 E 2TESSALONICENSES

- Com expectativa renovada pelo retorno físico e glorioso do Senhor Jesus.
- Consolado pela esperança da ressurreição.
- Ciente dos imperativos éticos do evangelho.

1 e 2

TIMÓTEO

Há um só Deus e um só Mediador entre Deus e a humanidade: o homem Cristo Jesus. Ele deu sua vida para comprar a liberdade de todos.

1TIMÓTEO 2.5-6

Pois Deus nos salvou e nos chamou para uma vida santa, não porque merecêssemos, mas porque este era seu plano desde os tempos eternos: mostrar sua graça por meio de Cristo Jesus.

2TIMÓTEO 1.9

TEMAS E CARACTERÍSTICAS CENTRAIS

- As cartas a Timóteo e Tito são conhecidas como Epístolas Pastorais; nelas, Paulo orienta dois jovens pastores.
- Aspectos práticos de eclesiologia, como a eleição de presbíteros (pastores) e diáconos de acordo com os critérios estipulados pelos apóstolos.
- 2Timóteo foi a última epístola escrita por Paulo — pouco depois, ele seria decapitado em Roma, por volta do ano 67.
- Timóteo foi um dos discípulos mais próximos e queridos do apóstolo Paulo.

INTRODUÇÃO

"Eu lhe digo solenemente, na presença de Deus e de Cristo Jesus, [...] pregue a palavra. Esteja preparado, quer a ocasião seja favorável, quer não. Corrija, repreenda e encoraje com paciência e bom ensino" (2Tm 4.1-2). Paulo escreve essas cartas a alguém na igreja responsável por pregar, repreender, encorajar e ensinar, ou seja, Paulo está escrevendo aqui a um pastor.

É por isso que as cartas de Paulo a Timóteo (e também a Tito) são muito valorizadas pelos pastores, pois nelas é possível encontrar o quadro mais completo no Novo Testamento sobre os requerimentos, as funções, os deveres e a conduta desses líderes. O texto de 1Timóteo 3 funciona até hoje como a principal lista de requisitos que um homem que almeja ser pastor deve cumprir para exercer esse ministério, características como: fidelidade conjugal, sabedoria, boa reputação, ser um bom professor, pacífico, amável, não apegado ao dinheiro entre outras qualidades (1Tm 3.1-7). Nesse sentido, é importante notar que Paulo não apresenta o escopo do trabalho de um pastor, isto é, as funções que ele deveria desempenhar, mas sim os traços de caráter que atestam alguém maduro e cuja vida foi verdadeiramente impactada pelo evangelho. Paulo aproveita para fazer também uma forte distinção entre o caráter de um verdadeiro pastor e dos falsos mestres, os quais são hipócritas, mentirosos e pregam uma mensagem proveniente de espíritos enganadores e de demônios (1Tm 4.1-2).

Contudo há ainda outra razão pela qual essas epístolas são chamadas de "pastorais". A escrita e os temas tratados por Paulo mostram que ele estava, de fato, pastoreando outros pastores; não apenas fornecendo instruções práticas acerca desse importante ministério, mas também encorajando esses jovens pastores a seguir pregando o evangelho da verdade diante da oposição, do desprezo e da incredulidade de muitos na própria igreja. Ao pregar, esses discípulos de Paulo deveriam deixar muito clara a distinção entre as boas-novas a respeito de Cristo e os ensinos heréticos e legalistas que enchiam a igreja de regras (1Tm 4.3). Acerca desses homens, o conselho de Paulo a Timóteo é direto e incisivo: "Fique longe de gente assim!" (2Tm 3.5).

Uma vez que Paulo precisava lidar também com falsos mestres e falsos líderes, as Pastorais não tratam apenas de temas relacionados à eclesiologia. Como em muitos escritos paulinos, a graça de Deus para a salvação se sobressai nas duas epístolas em contraste com o legalismo dos que haviam se levantado na igreja para defender a lei de Moisés e a prática do ascetismo para que alguém pudesse ser aceito por Deus. Nesse sentido, Paulo relembra a Timóteo, de forma belíssima, a mensagem central do evangelho e de sua pregação pelo menos em três ocasiões:

> Há um só Deus e um só Mediador entre Deus e a humanidade: o homem Cristo Jesus. Ele deu sua vida para comprar a liberdade de todos. (1Tm 2.5-6)

> Sem dúvida, este é o grande segredo de nossa fé: Cristo foi revelado em corpo humano, justificado pelo Espírito, visto por anjos,

anunciado às nações, crido em todo o mundo e levado para o céu em glória. (1Tm 3.16)

Lembre-se de que Jesus Cristo, descendente do rei Davi, ressuscitou dos mortos. Essas são as boas-novas que eu anuncio. (2Tm 2.8)

São passagens que poderiam muito bem ser consideradas como credos da fé cristã, elaborados a partir da mente do próprio apóstolo. Por fim, outra característica marcante das Pastorais é o fato de que são endereçadas a pessoas e não a igrejas. De certa forma, os destinatários dessas três cartas tiveram a honra não apenas de receber uma comunicação pessoal de Paulo, mas de servir como seus embaixadores nas igrejas pelas quais passaram.

AUTORIA E DATA

Apesar de Paulo se apresentar no início das duas epístolas como seu autor, muitos estudiosos hoje defendem que elas não foram escritas pelo apóstolo, mas por alguém se passando por ele muito tempo depois de sua morte. Os argumentos usados para negar a autoria paulina dessas duas cartas se concentram basicamente em duas áreas: vocabulário e eclesiologia.

No que diz respeito à linguagem, muitos afirmam que o vocabulário utilizado nas Epístolas Pastorais é bem diferente do que encontramos nas principais cartas paulinas, como Romanos e Gálatas, por exemplo. Não aparecem nas cartas a Timóteo algumas palavras e construções típicas de Paulo, como certas preposições, pronomes e outras partículas do idioma grego que o apóstolo costumava usar em profusão. E, ao mesmo tempo que a ausência dessas palavras é percebida, chama atenção também a presença nas Pastorais de palavras novas do vocabulário paulino. Nas cartas endereçadas a Timóteo e Tito aparecem 175 *hapax legomena*, ou seja, uma palavra que não aparece em nenhum outro lugar do Novo Testamento. No entanto, como já vimos principalmente em Efésios e Colossenses, um autor ao escrever para pessoas diferentes, com propósitos diferentes e em épocas diferentes escreverá de forma... diferente!

Outro argumento contrário é que as Pastorais apresentam uma eclesiologia muito elaborada para o primeiro século. A estrutura da igreja que aparece principalmente em 1Timóteo seria muito sofisticada para ter sido escrita durante o tempo de vida de Paulo, um forte indício de que essas cartas teriam sido escritas em uma época posterior, na qual a igreja já havia se institucionalizado e organizado. Em 1Timóteo vemos, por exemplo, instruções acerca do culto (2.1-15), requisitos para alguém ser pastor e diácono (3.1-13), uma espécie de protocolo sobre como prover assistência a viúvas (5.3-16), um processo disciplinar para pastores (5.19-20) e, o mais importante: essa carta já era vista como "coluna e alicerce da verdade" (3.15), o que revelaria um caráter mais institucional e característico do segundo século.

Contudo, no livro de Atos bem como em outras cartas consideradas genuínas de Paulo lemos a respeito de presbíteros e diáconos, realização de concílios, processos de disciplina envolvendo membros faltosos, instruções referentes à participação ministerial das mulheres, regulamentação da Ceia e do culto, etc. Ou seja, fortes indicadores de que a igreja, desde muito cedo em sua história, organizou-se para cumprir seus objetivos determinados por Jesus. Consequentemente, esses também são indícios de que Paulo foi o autor dessas cartas.

Ao assumirmos a autoria paulina das duas cartas a Timóteo, podemos também traçar uma linha do tempo levando em conta episódios da vida do apóstolo, a fim de determinar uma possível data de quando elas foram escritas. De acordo com a posição conservadora e reformada Paulo foi liberto de sua primeira prisão em Roma (aquela mencionada em At 28), empreendeu mais trabalhos como missionário e, depois, foi preso novamente culminando em sua execução.[1] De acordo com essa cronologia, Paulo escreveu a primeira carta após sua primeira prisão em Roma — portanto fora do período coberto pelo livro de Atos. Uma data provável é 63 d.C., quando ele estava na Macedônia. Já 2Timóteo foi escrita por Paulo durante sua segunda prisão em Roma, em aproximadamente 66-67.

DESTINATÁRIOS, OCASIÃO E PROPÓSITO

Como o próprio nome indica, essas duas cartas foram escritas a Timóteo, a quem Paulo se refere como "meu verdadeiro filho na fé" (1Tm 1.2) e "meu filho amado" (2Tm 1.2). Timóteo era filho de uma judia convertida ao cristianismo e de um pai gentio e, desde criança, aprendeu as Escrituras através de sua mãe Eunice e de sua avó Loide (2Tm 1.5).[2] Timóteo morava em Listra, uma região da Galácia, e foi recrutado por Paulo durante sua segunda viagem missionária:

> Paulo foi primeiro a Derbe e depois a Listra, onde havia um jovem discípulo chamado Timóteo. A mãe dele era uma judia convertida, e o pai era grego. Os irmãos em Listra e em Icônio o tinham em alta consideração, de modo que Paulo pediu que ele os acompanhasse em sua viagem. (At 16.1-3)

[1] Vale ressaltar que os detalhes da segunda prisão de Paulo bem como de sua morte não são relatados em Atos ou em outros livros do Novo Testamento. Esses acontecimentos são narrados, por exemplo, em documentos de Pais da Igreja, como *1Clemente* e a *História eclesiástica*, de Eusébio. Ver *ESV Study Bible* (Wheaton: Crossway, 2016), p. 2321.

[2] O fato de não ser circuncidado indica que sua mãe não era muito apegada às tradições do judaísmo (At 16.3).

Ao que tudo indica, antes de partir em sua primeira viagem ao lado de Paulo, Timóteo havia sido ordenado pelos presbíteros da igreja de Listra (1Tm 4.14; 2Tm 1.6). Esse jovem pastor se tornaria em pouco tempo o cooperador mais destacado de Paulo e um de seus principais representantes na Macedônia (At 19.22; Fp 2.23), na Acaia (1Co 4.17) e na Ásia (1Tm 1.3).[3]

Paulo deixou Timóteo em Éfeso para cuidar de algumas demandas urgentes da igreja daquela cidade enquanto o apóstolo seguia viagem para a Macedônia (1Tm 1.3-4). Entre essas demandas, estava o cuidado e a repreensão de falsos mestres que promoviam brigas e discussões acerca de trivialidades da lei de Moisés. A situação na igreja de Éfeso não era ideal para um jovem pastor e, por isso, Paulo planejava retornar em breve para auxiliar Timóteo no pastoreio dessa comunidade. Essa visita, contudo, teria de esperar um pouco mais do que Paulo gostaria, de modo que ele escreve a primeira carta com instruções sobre "como as pessoas devem se comportar na casa de Deus" (1Tm 3.15).

A primeira carta foi importante, pois é provável que essa visita de Paulo nunca tenha se concretizado: após escrever 1Timóteo, Paulo foi preso pela segunda vez em Roma. Ao contrário da primeira detenção, essa prisão era severa e sem privilégios. Além disso, ele havia sido abandonado por vários cooperadores (2Tm 4.16) e estava sofrendo com a hostilidade de outros (2Tm 4.10,14); somente Lucas estava com ele (2Tm 4.11). Paulo estava velho e cansado, e convencido de que não sairia vivo de lá. É nessas condições que ele redige sua segunda carta chamando seu discípulo para que viesse vê-lo em Roma (2Tm 4.9,21) — ele queria ver Timóteo ainda uma última vez, já que não tinha expectativa de

[3]Paulo menciona Timóteo em outras 6 de suas cartas: 1Coríntios (4.17; 16.10,11), 2Coríntios (1.1,19), Filipenses (1.1; 2.20-23), Colossenses (1.1), 1Tessalonicenses (1.1; 3.1-6) e 2Tessalonicenses (1.1).

sair vivo da prisão. O apóstolo também desejava passar a Timóteo instruções sobre o ministério pastoral e encorajá-lo diante das dificuldades a fim de cumprir a obra de um evangelista. Para ilustrar essas coisas, nada melhor para Paulo do que recorrer a seu próprio testemunho, o testemunho de alguém que, mesmo na iminência da morte, olhava com esperança para o futuro:

> Quanto a mim, minha vida já foi derramada como oferta para Deus. O tempo de minha morte se aproxima. Lutei o bom combate, terminei a corrida e permaneci fiel. Agora o prêmio me espera, a coroa de justiça que o Senhor, o justo Juiz, me dará no dia de sua volta. E o prêmio não será só para mim, mas para todos que, com grande expectativa, aguardam a sua vinda. (2Tm 4.6-8)

PASSAGENS DE DIFÍCIL INTERPRETAÇÃO

Será que havia diaconisas na igreja primitiva? Ao tratar sobre as qualificações exigidas de um diácono, Paulo escreve: "De igual modo, *as mulheres* devem ser respeitáveis e não caluniar ninguém. Devem ter autocontrole e ser fiéis em tudo que fazem" (1Tm 3.11). Um versículo aparentemente nada polêmico, mas que deixa uma pergunta a ser respondida: quem são essas mulheres a quem Paulo se refere nessa passagem?

Algumas hipóteses têm sido levantadas. A primeira delas afirma que essas mulheres eram de fato diaconisas, ou seja, exerciam um ofício semelhante ao de seus maridos. Contudo, Paulo não usa aqui o termo "diaconisa", mas sim o termo grego *gynaikas*, que significa, basicamente, "mulher" ou "esposa". Uma segunda interpretação aponta para as mulheres dos diáconos, as quais precisavam se portar de maneira condizente com o ofício do marido. Mas por que então Paulo não falou das mulheres dos presbíteros (pastores), um cargo de ainda mais destaque na igreja? De acordo com alguns estudiosos, Paulo nesse versículo faz uma digressão para se referir a todas as mulheres; contudo, essa suposta digressão é radical demais e não condiz com o padrão de Paulo. A hipótese mais aceitável para se interpretar essa passagem é que o apóstolo se refere aqui a mulheres fiéis que auxiliavam os diáconos em suas tarefas.

A segunda carta também apresenta algumas passagens de difícil compreensão, entre elas o texto em que Paulo menciona dois líderes da igreja local: "Esse tipo de conversa se espalha como câncer, a exemplo do ocorrido com Himeneu e Fileto. Eles *deixaram o caminho da verdade*, afirmando que a ressurreição dos mortos já aconteceu, e com isso desviaram alguns da fé" (2Tm 2.17-18). À primeira vista, a informação de que Himeneu e Fileto "deixaram o caminho da verdade" pode chocar alguns — afinal, crentes verdadeiros não podem se desviar da verdade e se perder eternamente, não é mesmo? Sim, é isso mesmo. Embora Paulo não entre em detalhes acerca da apostasia desses dois personagens, fica implícito no contexto que ele não considera Himeneu e Fileto como crentes verdadeiros (2Tm 2.19). Os cristãos, a quem o Senhor conhece e que pertencem a ele, até podem se enganar acerca de pontos secundários da verdade, mas não em pontos centrais, como aparentemente ocorreu como Himeneu e Fileto, os quais certamente não eram nascidos de novo.

ESBOÇO

Essas duas cartas nos dão um vislumbre de como era a organização das comunidades cristãs primitivas. Apesar de não apresentarem modelos normativos de como as igrejas devem ser governadas hoje, 1 e 2Timóteo tratam de princípios atemporais que devemos seguir no tocante à pureza doutrinária e à nossa conduta e apreço pelo evangelho verdadeiro.

1Timóteo

Saudação de Paulo (1.1-2)

Fortalecendo a determinação de Timóteo (1.3-20)

1.3-11: Timóteo é encarregado de se opor aos falsos mestres
1.12-17: A graça do Senhor para com Paulo
1.18-20: Paulo renova o encargo de Timóteo

Ordem na igreja e na vida (2.1— 6.2a)

2.1-15: Instruções sobre adoração
3.1-13: Qualificações para presbíteros e diáconos
3.14—4.16: Razões para as instruções de Paulo
5.1—6.2a: Viúvas, presbíteros e escravos

Esclarecimento e exortação finais (6.2b-21)

6.2b-10: Falsos mestres e o amor ao dinheiro
6.11-21: Último encargo a Timóteo

2Timóteo

Saudação e razões para escrever (1.1-18)

1.1-2: Saudação
1.3-5: Ação de graças
1.6-14: Apelo por lealdade a Paulo e ao evangelho
1.15-18: Exemplos de deslealdade e lealdade

Prioridades para Timóteo (2.1—3.9)

2.1-13: O apelo renovado
2.14—3.9: Lidando com falsos mestres

Lembretes, instruções e saudações finais (3.10—4.22)

3.10—4.8: Encargo final a Timóteo
4.9-18: Observações pessoais
4.19-22: Saudações finais

COMO LER 1 E 2TIMÓTEO

- Atento à vida e testemunho de pastores e outros líderes da igreja local.
- Pastores devem ler essas cartas examinando o coração quanto às motivações para seu serviço a Deus.
- Encorajado pelo testemunho e pela coragem de Paulo mesmo na iminência da morte.

TITO

Quando Deus, nosso Salvador, revelou sua bondade e seu amor, ele nos salvou não porque tivéssemos feito algo justo, mas por causa de sua misericórdia. Ele nos lavou para remover nossos pecados, nos fez nascer de novo e nos deu nova vida por meio do Espírito Santo.

TITO 3.4-5

TEMAS E CARACTERÍSTICAS CENTRAIS

- Essa epístola pastoral segue um padrão ao tratar de determinado assunto: uma ordem, a razão para essa ordem ser cumprida e uma advertência.
- Tito apresenta a saudação inicial mais extensa escrita pelo apóstolo Paulo.
- Mais uma vez, Paulo precisa lidar com o ensino dos judaizantes, aqueles "que insistem na necessidade da circuncisão" (1.10).
- As comunidades cristãs devem personificar a graça e a misericórdia de Deus para a cultura onde estão inseridas.

INTRODUÇÃO

A história dessa carta começa bem antes de Paulo sequer pensar no que escreveria para Tito; na verdade, começou antes mesmo de o apóstolo ter um encontro com o Senhor ressurreto na estrada para Damasco. Cerca de quarenta dias após sua ressurreição, Jesus fez um pedido e uma promessa a seus discípulos: "Não saiam de Jerusalém até o Pai enviar a promessa, conforme eu lhes disse antes. João batizou com água, mas dentro de poucos dias vocês serão batizados com o Espírito Santo" (At 1.4-5).

Essa promessa se cumpriu alguns dias depois, no Pentecostes. Fogo desceu do céu e os discípulos começaram a falar em vários idiomas acerca das "coisas maravilhosas que Deus fez!" (At 2.11). Lucas nos informa que entre aqueles que ouviam o evangelho em sua língua nativa estavam os cretenses (At 2.11), isto é, os habitantes da ilha de Creta, local onde Tito estava quando recebeu essa carta.

Apesar de haver ali uma igreja e pessoas piedosas, Creta era famosa pelo ambiente moral degenerado — e os próprios cretenses sabiam disso. Um fato curioso a respeito dessa carta é que

Paulo cita Epimênides, um autor cretense que não tinha assim tanta consideração por seus conterrâneos: "Até mesmo um deles, um profeta nascido em Creta, disse: Os cretenses são mentirosos, animais cruéis e comilões preguiçosos" (1.12). Outros autores antigos concordariam com Epimênides, como o historiador Políbio: "É quase impossível encontrar homens mais traiçoeiros do que os cretenses"; acerca dos cretenses Cícero também escreveu: "Os princípios morais são tão divergentes entre os cretenses, que muitos deles consideram o roubo como algo honroso".[1] A fama dos cretenses era tão ruim que eles inspiraram a criação de um neologismo: o verbo *kretizo*, em grego, foi criado para se referir a mentir e a enganar.

E, no entanto, o evangelho alcançou um povo tão vil e pecador: "Pois a graça de Deus foi revelada e a *todos* traz salvação" (2.11). Esses cretenses mentirosos e enganadores se tornaram alvo da graça divina. Aliás, como não poderia deixar de ser, esse é um dos temas abordados por Paulo nessa curta epístola. Paulo expõe a manifestação da graça salvadora de Deus e mostra como ela produz profunda mudança de vida nas pessoas, o que serve de base para o incentivo a uma vida de santidade (2.11-14). Na mesma linha, o apóstolo também explica que a graça de Deus é a única razão pela qual somos salvos: "Quando Deus, nosso Salvador, revelou sua bondade e seu amor, ele nos salvou não porque tivéssemos feito algo justo, mas por causa de sua misericórdia. [...] Por causa de sua graça, nos declarou justos e nos deu a esperança de que herdaremos a vida eterna." (3.4-5,7).

Essa mensagem de esperança começou a ecoar em Creta a partir do Pentecostes e também a partir do ministério de Paulo e de Tito. Apesar de o livro de Atos não mencionar nenhum trabalho

[1]Essas duas citações foram extraídas da nota de rodapé de Tito 1.12-13 da *ESV Study Bible* (Wheaton: Crossway, 2016) p. 2349.

missionário de Paulo em Creta — e apesar de o próprio apóstolo não mencionar a ilha em suas cartas —, Lucas nos informa que Paulo conhecia aquela região, pois passou por lá enquanto seguia para Roma (At 27), uma viagem que culminaria em seu primeiro aprisionamento na capital do império. Sim, essa passagem por Creta a caminho de Roma provavelmente não deu a Paulo tempo suficiente para plantar uma igreja ali, mas essa igreja pode ter sido fundada por Paulo após sua saída da prisão. De fato, não sabemos se Paulo plantou igrejas ali ou quanto tempo passou naquela região. O fato é que o apóstolo tinha um representante naquela ilha: Tito, o destinatário da terceira epístola pastoral.

AUTORIA E DATA

No geral, essa epístola segue as convenções das cartas da Antiguidade, com exceção da saudação inicial: a mais extensa escrita por Paulo e na qual ele se apresenta como autor da carta bem como identifica seu destinatário: "Escrevo a Tito, meu verdadeiro filho na fé que compartilhamos" (1.4).

Paulo queria começar a carta reafirmando seu apostolado e pregação, a fim de fortalecer Tito e encorajá-lo a obedecer a suas instruções. Também por meio dessa saudação mais longa, Paulo buscava respaldar o ministério de Tito, como uma continuação de seu próprio trabalho em Creta. Isso era importante, pois uma parte fundamental do ministério de Tito era exercer disciplina contra os falsos mestres (1.11). Por isso, "Tito precisava de alguma prova escrita de que o exercício da sua autoridade era legítimo para que ele não fosse 'desprezado' pelos indisciplinados cretenses (2.15)".[2]

Apesar de Paulo claramente se identificar como o autor e se referir a Tito treze vezes em outras de suas cartas (evidência de

[2]Ibid., p. 1594.

que Paulo conhecia muito bem seu destinatário) e de a igreja primitiva nunca ter questionado a canonicidade de Tito, muitos estudiosos do Novo Testamento ainda assim duvidam se Paulo realmente escreveu essa carta. Os argumentos contrários à autoria paulina de Tito são basicamente os mesmos para pôr em xeque a autoria de outras cartas, como Efésios, Colossenses e 1 e 2Timóteo: vocabulário diferente das principais cartas paulinas (Romanos, Coríntios e Gálatas) e uma estrutura eclesiológica muito avançada para os dias de Paulo. Algumas das respostas a esses questionamentos já foram abordadas em capítulos anteriores, mas vale ainda ressaltar que a igreja pós-apostólica — responsável por reconhecer a inspiração dos livros canônicos — era avessa a obras pseudônimas, rejeitando as dezenas de livros escritos em nome dos apóstolos ou de outras personagens cristãs importantes. Dificilmente Tito teria entrado no cânon se a igreja soubesse que era uma falsificação.

Quanto à data, Paulo escreveu essa carta a Tito provavelmente na mesma época em que redigiu 1Timóteo, depois de ter saído da prisão em Roma e antes de seu segundo aprisionamento. Esse período não é coberto pelo livro de Atos, mas acredita-se que nesse tempo Paulo continuou sua atividade missionária em diferentes locais, entre eles a ilha de Creta. Assim, uma data estimada para Tito seria entre 63-66 d.C.

DESTINATÁRIOS, OCASIÃO E PROPÓSITO

A verdade é que não temos muita informação a respeito de Tito. Sabemos que ele era grego, um gentio convertido à fé em Jesus (Gl 2.3). Ele se tornou um dos principais ajudantes de Paulo, um "colaborador" que trabalhava com o apóstolo em favor dos gentios que ouviram as boas-novas (2Co 8.23). Tito acompanhou

Paulo em uma importante visita aos líderes da igreja de Jerusalém[3] e costumava ser enviado a algumas igrejas a fim de ajudar a resolver problemas enfrentados por essas comunidades.

Uma dessas igrejas é aquela localizada em Corinto (2Co 2.12-13; 7.5-7,13-15; 8.6,16-24). De acordo com o relato de Paulo em 2Coríntios, Tito fora enviado àquela cidade para, entre outras coisas, incentivar os crentes ali a continuarem contribuindo com as igrejas mais pobres. Na verdade, Tito estava ansioso para rever os cristãos coríntios e mostrou disposição em viajar para visitá-los; Paulo chega a orar agradecendo a Deus por ter concedido a seu jovem discípulo a mesma dedicação que ele próprio tinha pelas igrejas que fundara. Tito retorna de viagem e apresenta a Paulo um relatório extremamente positivo acerca dos crentes de Corinto: eles desejavam muito rever Paulo, demonstraram muita hospitalidade e trataram Tito com profundo respeito. Paulo, já em seus últimos dias, menciona Tito mais uma vez em suas cartas (2Tm 4.10): de acordo com seu chamado de representar Paulo nas igrejas pelas quais passara, ele havia sido enviado à região da Dalmácia (esse mesmo local é chamado de Ilírico em Rm 25.19).

Ao receber essa carta, Tito estava em missão mais uma vez, agora na ilha de Creta. Fora enviado até lá por Paulo a fim de nomear presbíteros qualificados, conforme os critérios apostólicos (1.5-9). A nomeação desses líderes não era algo burocrático e institucional. Esses pastores, instruídos por Tito, precisavam combater os falsos mestres que defendiam a circuncisão (1.10) e certos "mitos judaicos" (1.14). Já o segundo capítulo da carta é repleto de instruções práticas ao pastor Tito sobre como lidar com diferentes grupos dentro da comunidade, como mulheres e homens (os jovens e os mais idosos) e escravos — Tito deveria ser

[3] Ao que tudo indica essa é visita é aquela mencionada em Atos 11.29-30.

um exemplo para todos de modo a poder exortar essas pessoas com autoridade quando necessário.

Por fim, Paulo informa a Tito que enviaria em breve ao menos um colaborador (Ártemas ou Tíquico) para ajudá-lo em Creta. Assim que a ajuda desembarcasse na ilha, Tito deveria se encontrar em Nicópolis, uma cidade próxima. Contudo, antes de seguir viagem ao encontro de Paulo, esse jovem pastor deveria fazer todo o possível para ajudar outros dois missionários que passariam por ali: Zenas, descrito como "o advogado", e Apolo, o mesmo homem eloquente mencionado em Atos e em 1Coríntios. Ao ajudá-los, Tito daria bom testemunho para cretenses: "Nosso povo deve aprender a fazer o bem ao suprir as necessidades urgentes de outros; assim, ninguém será improdutivo" (3.14).

PASSAGENS DE DIFÍCIL INTERPRETAÇÃO

Uma das principais passagens da carta a Tito se encontra no primeiro capítulo, em que Paulo, assim como fizera em 1Timóteo, apresenta os traços de caráter que devem ser identificados em um possível presbítero (o equivalente a pastor), a fim de que ele possa exercer essa função. Entre os requisitos exigidos por Paulo lemos: "deve ser marido de uma só mulher" (1.6). Trecho aparentemente simples, mas que levanta algumas possíveis interpretações: os presbíteros deveriam ser casados? Não poderiam ser divorciados? Ou não poderiam ser bígamos ou polígamos? Esta última hipótese parece ser a mais provável. Paulo afirma que o presbítero, se fosse casado (uma condição que não seria obrigatória), deveria ter apenas uma mulher como cônjuge. Essa instrução, aparentemente óbvia em nossos dias, era necessária na época, uma vez que a poligamia era prática comum entre os pagãos.

Outra passagem polêmica de Tito é a citação que Paulo faz de um autor cretense chamado Epimênides: "Os cretenses são mentirosos, animais cruéis e comilões preguiçosos" (1.12). O problema aqui não é tanto de interpretação (Paulo usa um autor proeminente de Creta visando corroborar sua argumentação em relação à má reputação dos habitantes daquela ilha), mas o significado de um autor canônico citar um pagão. Ao citar esse filósofo grego do século 6 a.C., será que Paulo indiretamente estava reconhecendo como inspirada e canônica toda a obra de Epimênides? Claro que não. O fato de Paulo citar Epimênides não faz com que seus escritos sejam inspirados, e nem mesmo sugere que Paulo concordava com tudo que esse filósofo escreveu. Há várias outras citações de fontes extrabíblicas no Novo Testamento, inclusive de livros apócrifos.[4] Não significa que esses livros deveriam ser adotados pelos cristãos, mas apenas que Deus usou-os como meios de preservar verdades. Aqui cabe ressaltar aquele provérbio: "Toda verdade é de Deus, não importa na boca de quem esteja".

ESBOÇO

Assim como as demais Pastorais, Tito tem um tom muito prático. Nessa carta, Paulo instrui seu discípulo sobre como pastorear a igreja de Creta. O ministério de Tito nessa cidade deveria ser marcado pela formação e ordenação de novos presbíteros, pelo ensino de acordo com a sã doutrina e pelo encorajamento aos irmãos daquela comunidade.

Introdução (1.1-4)

Fé e vida na igreja (1.5—3.11)

- **1.5-16:** Os líderes da igreja
- **2.1-15:** A doutrina verdadeira
- **3.1-11:** A conduta cristã

[4]Judas, por exemplo, cita o livro apócrifo de *1Enoque* em sua epístola (1.14-15).

Conselhos finais (3.12-15a)

Bênção (3.15b)

COMO LER TITO

- Pastores e líderes devem ler essa carta com o coração aberto a fim de encontrar ânimo, conforto e encorajamento para o trabalho pastoral.
- Disposto a submeter seu ministério à correção da Palavra de Deus.
- Atento para as qualificações exigidas dos pastores, a fim de avaliar o ministério desses líderes à luz do que a Bíblia ensina.

FILEMOM

Oro para que você ponha em prática a comunhão que vem da fé, à medida que entender e experimentar todas as coisas boas que temos em Cristo

FILEMOM 1.6

TEMAS E CARACTERÍSTICAS CENTRAIS

- A menor carta de Paulo, composta de apenas 335 palavras no texto original em grego.
- Uma das cartas mais pessoais do apóstolo, destinada a uma única pessoa e tratando de um único tema: a relação de um senhor com seu escravo.
- Assim como Efésios, Filipenses e Colossenses, foi escrita por Paulo enquanto ele estava preso.
- O poder do evangelho para restaurar relacionamentos e romper barreiras sociais.

INTRODUÇÃO

A carta de Paulo a Filemom talvez seja a que mais se assemelhe às cartas escritas no mundo greco-romano do primeiro século. Isso fica nítido logo na saudação, em que Paulo rapidamente se apresenta, identifica seus destinatários e apresenta o costumeiro voto de "graça e paz".[1] A saudação inicial dessa curta epístola esclarece quem é o remetente e o destinatário: Paulo a escreve a Filemom, mas curiosamente nenhum deles é o personagem principal dessa história.

Seguindo o padrão epistolar clássico da Antiguidade, logo após se apresentar, Paulo prossegue para o "corpo da carta", ou seja, a parte na qual o remetente apresenta e desenvolve o tema principal sobre o qual quer tratar com seu leitor. Somos então apresentados à curiosa história de Onésimo, um escravo que pertencia a Filemom mas que havia fugido para Roma e lá — de uma forma que não é relatada expressamente na carta mas que demonstra

[1] Aqui outros exemplos de correspondências do Novo Testamento, cujas saudações iniciais seguem a forma mais concisa do padrão epistolar clássico: At 15.23; 23.26; Tg 1.1.

claramente a soberania de Deus sobre todas as circunstâncias — encontra-se com Paulo, aceita a fé cristã e se torna um de seus principais colaboradores durante sua primeira prisão, a ponto de Paulo querer que ele permanecesse em Roma: "Gostaria de mantê-lo aqui comigo enquanto estou preso por anunciar as boas-novas; assim ele me ajudaria em seu lugar" (1.13).

Paulo evidencia qual era a condição social de Onésimo: "Ele já não é um escravo para você. É mais que um escravo: é um irmão amado, especialmente para mim" (1.16). No período em que essa carta foi escrita, estima-se que havia cerca de 60 milhões de escravos no Império Romano; a escravidão era vista como normal naquela época. Por isso não devemos ler as passagens que falam da escravidão nos tempos do Novo Testamento (como Ef 6 e Cl 3, p. ex.) tendo em mente o sistema de escravidão que existiu no Brasil, que se baseava na questão racial. No antigo Oriente Próximo, os escravos eram cativos de guerra, gente de quaisquer etnias que havia sido sequestrada, havendo até mesmo aqueles que escolhiam "se vender" como escravos a fim de pagar dívidas — o que não deixa de ser algo abjeto.

Havia também escravos que serviam como mestres, professores, músicos, artesãos e tutores dos filhos de seu patrão. Outros faziam trabalho braçal em campos e nas minas, e ainda outros trabalhavam para juntar o suficiente para comprar sua liberdade. Muitos escravos se tornaram cristãos no primeiro século, e um indicativo disso é que várias das cartas do Novo Testamento trazem recomendações a cristãos que são escravos, para que sirvam seus patrões como a Cristo:

> Escravos, obedeçam a seus senhores terrenos com respeito e temor. Sirvam com sinceridade, como serviriam a Cristo. (Ef 6.5)

> Escravos, em tudo obedeçam a seus senhores terrenos. Procurem agradá-los sempre, e não apenas quando eles estiverem

> observando. Sirvam-nos com sinceridade, por causa de seu temor ao Senhor. (Cl 3.22)

Mas Paulo foi além nessa questão, pois também ordenava aos cristãos que possuíam escravos que cuidassem bem de seus servos:

> Senhores, assim também tratem seus escravos. Não os ameacem; lembrem-se de que vocês e eles têm o mesmo Senhor no céu, e ele não age com favoritismo. (Ef 6.9)

Em uma sociedade em que os escravos não eram sequer considerados pessoas pela lei romana, mas tão somente mercadorias e acessórios, isso era surpreendente. A carta de Paulo a Filemom, mais do que retratar como deveria ser a relação entre senhores e escravos, é um exemplo primoroso de teologia prática e de como o evangelho de Jesus Cristo transforma vidas e relacionamentos, até mesmo aqueles que parecem mais difíceis pelos padrões de determinada época e cultura.

AUTORIA E DATA

Paulo se apresenta como o autor da carta logo no primeiro versículo e descreve a si mesmo como alguém já "velho e agora prisioneiro de Cristo Jesus" (1.9). Timóteo também é mencionado como coautor da carta, mas o uso na primeira pessoa do singular a partir do versículo 4 até o fim indica que o próprio apóstolo a escreveu na íntegra e de "próprio punho" (1.19). Outro forte indício da autoria paulina é que, além de Timóteo, Paulo também menciona outros companheiros citados por ele, por exemplo, na carta aos Colossenses, como Aristarco, Epafras, Marcos, Demas e Lucas (Fm 1.23-24; Cl 4.10-17).

No que diz respeito ao conteúdo, essa breve epístola não aborda nenhum dos temas grandiosos que Paulo tradicionalmente aborda em suas cartas, como justificação pela fé, a pessoa de Cristo ou tópicos escatológicos. Curiosamente, isso contribui para o reconhecimento de sua autoria paulina, uma vez que a maior razão pela qual essa carta entrou no cânon não foi por ela conter ensino doutrinário, mas sim o reconhecimento de sua autoria apostólica por Pais da Igreja, como Orígenes, Tertuliano, Eusébio, Jerônimo e Inácio.

A carta deve ter sido escrita durante a primeira prisão de Paulo em Roma, quando o apóstolo tinha esperanças de ser liberto e visitar Filemom (1.22), o que sugere uma data aproximada de 62 d.C. As similaridades com Colossenses[2] sugerem que ambas foram escritas na mesma época e do mesmo local: uma prisão romana, como podemos ler no final do livro de Atos.

DESTINATÁRIOS, OCASIÃO E PROPÓSITO

A carta é dirigida a Filemom, um cristão de boa posição social que talvez tenha se convertido através do ministério de Paulo em Éfeso. Filemom morava em Colossos e, após sua conversão, havia aberto sua casa para o funcionamento de uma igreja na cidade — um detalhe importante é que a carta também é direcionada "à igreja que se reúne em sua casa", o que revela o desejo de Paulo de que sua carta fosse lida também na igreja.

Paulo menciona entre os destinatários uma irmã chamada Áfia e um homem cujo nome é Arquipo, a quem Paulo descreve como "nosso companheiro na luta" (1.2). Não sabemos de fato quem eles

[2]Onésimo foi o portador das duas cartas (Cl 4.9); Paulo estava acompanhado das mesmas pessoas (Timóteo, Epafras, Tíquico, Marcos, Aristarco e Arquipo); Paulo se apresenta como prisioneiro nas duas cartas (Fm 1.9; Cl 4.18).

são. Arquipo recebe uma mensagem direta de encorajamento do apóstolo na carta aos Colossenses (Cl 4.17), ao passo que Áfia não volta a ser citada ao longo do Novo Testamento. Existe a hipótese de que Áfia seria a esposa de Filemom e de que Arquipo seria o filho desse casal, mas não há evidências concretas disso. Contudo, o personagem principal dessa epístola é outra pessoa.

Certa feita, mesmo na prisão, Paulo tem um encontro inusitado com Onésimo, um escravo de Filemom que havia fugido da casa de seu patrão, talvez até mesmo levando alguns bens dele. Essa é a provável razão pela qual Paulo se dispõe a ressarcir qualquer prejuízo que Onésimo tenha causado a Filemom: "Se ele o prejudicou de alguma forma ou se lhe deve algo, cobre de mim. Eu, Paulo, escrevo de próprio punho: Eu pagarei" (1.18-19). Não sabemos as circunstâncias em que Onésimo encontrou Paulo em Roma, mas pode ser que se lembrou dele quando havia acompanhado seu patrão Filemom em Éfeso, onde ouviu o evangelho da boca do apóstolo. De qualquer forma, pela providência divina, Onésimo achou Paulo preso em Roma e converteu-se a Cristo mediante o testemunho do apóstolo mesmo naquela situação difícil: "Tornei--me pai dele na fé quando estava aqui na prisão" (1.10).

O apóstolo gostaria de manter Onésimo em sua companhia, para ajudar no ministério, mas sente que o correto é enviar o fugitivo de volta para consertar as coisas com Filemom: "Eu o envio de volta a você, e com ele vai meu próprio coração. Gostaria de mantê-lo aqui comigo enquanto estou preso por anunciar as boas-novas; assim ele me ajudaria em seu lugar. Mas eu nada quis fazer sem seu consentimento" (1.12-14).

Uma situação delicada, sem dúvida. Escravos fugitivos eram severamente punidos, sendo chicoteados, marcados com ferro em brasa e até mortos. É por isso que Paulo escreve essa carta, a fim de interceder por Onésimo junto a Filemom. O apelo de Paulo é cheio de gentileza e amor. Ele poderia, como pai espiritual de

Filemom, exigir que este recebesse Onésimo de volta e o tratasse bem. Contudo, prefere pedir em amor que Filemom também mostre afeto e respeito a esse escravo arrependido e agora também convertido.

Podemos até imaginar a cena: Filemom, parado em frente à sua casa, vê alguém ao longe caminhando até sua direção, e à medida que aquela figura se aproxima esse homem rico de Colossos percebe crescer dentro de si uma mistura de sentimentos: incredulidade, raiva, surpresa. Por que um escravo fugitivo, sabendo o duro castigo que o esperava, retornaria a seu antigo dono após tê-lo roubado? Filemom não sabia, mas Onésimo, agora frente a frente com seu senhor, carregava todas essas respostas em suas mãos, em uma carta do próprio apóstolo Paulo endereçada a ele: "Suplico que demonstre bondade a meu filho Onésimo. Portanto, se me considera seu companheiro na fé, receba-o como receberia a mim". Após ler essa carta, Filemom ergue os olhos e vê diante de si não mais um escravo fugitivo, mas um irmão que compartilhava da mesma fé.

Não sabemos ao certo se Onésimo chegou a ser emancipado por seu patrão. Contudo, alguns documentos antigos do período patrístico afirmam que ele não somente foi liberto, como também foi posteriormente consagrado como bispo de Bereia e Éfeso.

PASSAGENS DE DIFÍCIL INTERPRETAÇÃO

A principal dificuldade dessa carta pode ser resumida em uma pergunta: por que Paulo não pediu a libertação de Onésimo explicitamente? Será que o apóstolo aprovava o sistema de escravidão?

Essa interpretação pode levar muitos a considerar a Bíblia como ultrapassada, presa à cultura em que foi escrita. Assim, ela não se aplicaria, em muitos casos, à nossa realidade moderna ocidental. Isso abre um precedente para a defesa de outras práticas, como a homossexualidade, por exemplo. Ora, o raciocínio parece simples: os textos bíblicos que condenam esse pecado refletiam o entendimento cultural daquela época — um tempo em que a escravidão era vista como algo normal, e as mulheres, como inferiores aos homens.

Como resposta a essas objeções, podemos trazer alguns argumentos. O fato de o Novo Testamento orientar o cristão escravo a se submeter a seu patrão também crente não quer dizer que a escravidão fosse um sistema aprovado por Deus. O objetivo das passagens que tratam do comportamento dos escravos e patrões é mostrar de que maneira um cristão pode demonstrar sua fé independentemente da condição social em que se encontre. Uma recomendação de Paulo aos coríntios talvez seja a passagem que melhor explique esse ponto:

> Você foi chamado sendo escravo? Não deixe que isso o preocupe, mas, se tiver a oportunidade de ficar livre, aproveite-a. E, se você era escravo quando o Senhor o chamou, agora é livre no Senhor. E, se você era livre quando o Senhor o chamou, agora é escravo de Cristo. (1Co 7.21-22)

Paulo encoraja os escravos cristãos a buscarem sua liberdade, se houver oportunidade para isso. Mas, independentemente disso, eles devem viver como escravos de Cristo, que é a verdadeira liberdade. Protestar contra a escravidão não seria de nenhuma ajuda para os cristãos comuns, visto que a dissolução do sistema escravagista estava fora de questão. O propósito do evangelho é mudar o coração do homem e, a partir daí, suas relações em família e sociedade. Paulo pode não ter pedido explicitamente a libertação de Onésimo, mas lançou as sementes para que Filemom, voluntariamente, fizesse isso. Com o correr dos séculos, a influência do cristianismo acabou influenciando decisivamente a abolição da escravidão em alguns países, como a Inglaterra pós-Reforma protestante. Não há na Bíblia nenhuma defesa do sistema de escravidão que seja embasado em algum ponto doutrinário ou teológico. Em contraste, a rejeição da prática homossexual é claramente fundamentada em princípios morais eternos, que vão desde a criação até o próprio caráter de Deus.

ESBOÇO

Essa breve carta demonstra a vocação pastoral do apóstolo Paulo, uma vez que ele busca aqui resolver um problema envolvendo dois irmãos: Onésimo, o escravo fugitivo que havia se convertido, e seu senhor, Onésimo. A fim de solucionar esse conflito, Paulo argumenta com Onésimo que a misericórdia e o perdão deveriam ser um dos traços distintivos de todo cristão.

Saudação (1.1-3)

Ação de graças por Filemom (1.4-7)

Intercessão em favor de Onésimo (1.8-22)

- **1.8-11:** A conversão de Onésimo
- **1.12-16:** A decisão de Paulo de mandá-lo de volta
- **1.17-20:** O pedido para receber Onésimo como irmão em Cristo
- **21.1-22:** A certeza de que Filemom atenderá seu pedido

Saudações e bênção (1.23-25)

COMO LER FILEMOM

- Ciente de que história de Onésimo e Filemom — intermediada por Paulo — representa nossa história com Deus, por meio de Jesus Cristo.
- Em gratidão a Deus pelo poder do evangelho, capaz de transformar relacionamentos em toda e qualquer cultura.
- Inspirado a demonstrar misericórdia mesmo por aqueles que nos causaram algum prejuízo.

HEBREUS

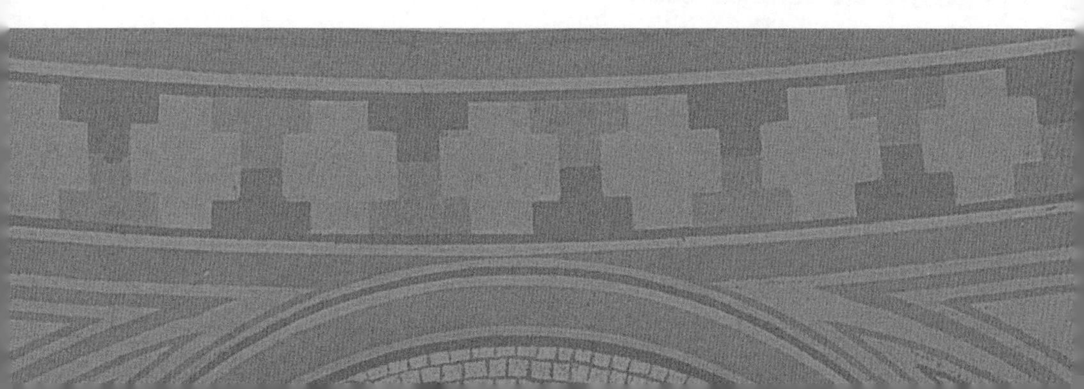

Por sua morte, Jesus abriu um caminho novo e vivo através da cortina que leva ao lugar santíssimo. E, uma vez que temos um Sumo Sacerdote que governa sobre a casa de Deus, entremos com coração sincero e plena confiança, pois nossa consciência culpada foi purificada, e nosso corpo, lavado com água pura.

HEBREUS 10.20-22

TEMAS E CARACTERÍSTICAS CENTRAIS

- A superioridade de Cristo sobre os símbolos da antiga aliança.
- O cumprimento das Escrituras na pessoa e obra do Senhor Jesus.
- A nova aliança, mediada por Cristo e seu sacrifício na cruz.
- A necessidade de confiar em Deus e perseverar em tempos difíceis.

INTRODUÇÃO

Antes de iniciar mais este capítulo, um aviso importante: estamos diante de um dos livros mais extensos e profundos do Novo Testamento. Sua mensagem tem, ao mesmo tempo, abençoado e desafiado a igreja através dos séculos, tanto pela originalidade com que aborda a pessoa de Cristo e sua obra quanto pelas exortações severas àqueles que abandonam a fé em meio à perseguição. De fato, essa é uma carta densa em certos pontos, mas estudá-la — assim como todo o restante da Palavra de Deus — trará recompensas teológicas e práticas.

Com essa epístola, inauguramos mais uma seção dos escritos do Novo Testamento, o qual até agora, de acordo com a ordem canônica, foi dividido em Evangelhos, Histórias (isto é, Atos dos Apóstolos) e as cartas paulinas, de Romanos a Filemom.[1] A carta aos Hebreus é uma das Epístolas Gerais, termo criado por Eusébio, historiador da igreja no século 4, para se referir às cartas de Hebreus, Tiago, Pedro, João e Judas. Essas cartas são chamadas de "gerais" porque são endereçadas à igreja cristã em geral ou aos cristãos localizados numa grande região. Diferentemente das cartas paulinas (nomeadas a partir de seus destinatários)

[1]Como já vimos em capítulos anteriores, as cartas de Paulo também podem ser organizadas em subdivisões, como as Cartas da Prisão (Efésios, Filipenses, Colossenses e Filemom) e as Epístolas Pastorais (1 e 2Timóteo e Tito).

todas as epístolas gerais, com exceção de Hebreus, são identificadas a partir do nome de seus autores. Mas será que de fato Hebreus é uma carta?

A forma como Hebreus foi escrita desafia uma classificação mais rígida no tocante a seu gênero literário. Por um lado, é um texto que segue algumas das convenções das epístolas da época, como saudações e votos ao final. Por outro lado, o autor omite por completo a parte introdutória, que geralmente traz o nome do autor e do destinatário, seguidos de um voto. A carta, na verdade, tem sido considerada por muitos como um tratado teológico ou até mesmo como um sermão que depois foi transcrito. O próprio autor define sua obra como uma "exortação" (13.22), o que lhe dá mais um caráter de sermão ou homilia, do tipo feito nas sinagogas. Ali, após a leitura da lei, o mestre exortava seus ouvintes com base nas Escrituras, encorajando-os e instruindo-os.

D. A. Carson aborda essas características, mas termina por defender a classificação de Hebreus como uma epístola (aliás, essa será a forma como nos referiremos a ela daqui em diante):

> O livro começa sem a saudação e sem a indicação do escritor e dos destinatários que caracterizam todas as epístolas do Novo Testamento, em exceção de 1 João, comuns em epístolas do período greco-romano. Apesar disso, o livro termina de forma tipicamente epistolar, com uma bênção, algumas notas pessoais e uma despedida final (13.20-25). Além do mais, a julgar pelo caráter específico das advertências e das exortações morais que permeiam o documento, o escritor tem em mente leitores específicos (veja 5.12; 6.10; 10.32) [...]. Parece justificável designar o livro como epístola, não por último, porque essa é a maneira como ele tem sido classificado ao longo da maior parte da sua história na igreja.[2]

[2] D. A. Carson, Douglas J. Moo e Leon Morris, *Introdução ao Novo Testamento* (São Paulo: Vida Nova, 1997), p. 433.

A história da igreja parece ter chegado a um consenso no que diz respeito ao gênero literário de Hebreus. Contudo, restam ainda outras perguntas que essa carta deixa em aberto: Quem foi seu autor? E para quem ela foi escrita?

AUTORIA E DATA

Paulo ou Lucas? Apolo ou Barnabé? Timóteo ou Silas? Priscila? Algum outro apóstolo? Ao longo dos primeiros séculos de história da igreja, muitos tentaram atribuir a autoria de Hebreus a algum desse nomes. Orígenes talvez tenha sido aquele que mais se aproximou de uma conclusão: "Somente Deus sabe quem escreveu Hebreus". De fato, a autoria dessa carta permanece como o segredo mais bem guardado nos estudos e pesquisas acerca do Novo Testamento. Todavia, é importante ressaltar que a canonicidade de Hebreus não depende do conhecimento exato de quem foi seu autor, mas de seu conteúdo divinamente inspirado e em perfeita harmonia com as obras reconhecidamente canônicas.

De fato, o autor dessa epístola não deixa clara sua identidade, mas ele acabou espalhando algumas pistas ao longo do seu texto sobre as quais podemos nos debruçar. Em primeiro lugar, o vocabulário utilizado e os temas teológicos abordados são bem parecidos com o estilo de Paulo. Além disso, esse autor conhecia Timóteo, a quem chama de "irmão" (13.23), e dá a entender que seus leitores também o conheciam. Tudo isso, aliado ao testemunho de muitos dos Pais da Igreja, parece sugerir que Paulo seria o autor mais provável dessa carta. Contudo, essa hipótese esbarra em um problema: "O que nos faz pensar que escaparemos se negligenciarmos essa grande salvação, anunciada primeiramente pelo Senhor e depois transmitida a nós por aqueles que o ouviram falar?" (2.3). Esse versículo parece indicar que o autor não se considerava parte do grupo apostólico, uma vez que os apóstolos escutaram em primeira mão o evangelho conforme anunciado pelo próprio Senhor Jesus. Ou seja, esse texto acaba sendo uma dificuldade para os defensores da autoria paulina.

Em segundo lugar, o texto parece indicar que seu autor era um profundo conhecedor do Antigo Testamento e que usou a Septuaginta (tradução grega do AT) como principal fonte na hora de redigir essa carta.[3] Por fim, o texto da carta deixa transparecer que o autor conhecia bem seus destinatários, posto que menciona as boas obras realizadas por seus leitores (6.10) e expressa mais de uma vez o desejo de voltar a visitá-los (13.19,24). Como já mencionei essas são apenas pistas, indícios que o autor deixa transparecer em seu texto, os quais, de qualquer forma, são insuficientes para termos certeza de quem a escreveu. Pelo fato de o autor da carta não se identificar, sua inclusão definitiva no cânon do Novo Testamento levou algum tempo. Embora alguns Pais da Igreja no Oriente tenham citado Hebreus como sendo paulina (Clemente de Alexandria, Pantenus, Orígenes), a incerteza quando à sua autoria fez com que somente no século 4 a igreja cristã como um todo reconhecesse a sua canonicidade.

Se a autoria de Hebreus é um grande mistério, a data provável em que ela foi escrita é um enigma um pouco menos intrincado. O autor faz várias referências aos trabalhos dos sacerdotes e aos sacrifícios que eram oferecidos diariamente no sistema cerimonial do Antigo Testamento, e ainda por cima não faz nenhuma menção à destruição do templo pelos romanos no ano 70 d.C. Assim, podemos concluir que a carta foi escrita quando o templo ainda estava funcionando, antes da invasão romana e da queda

[3]Em vários pontos da carta o autor cita versículos do Antigo Testamento extraídos *ipsis litteris* da Septuaginta, como 1.7 (citação de Sl 104.4); 2.8 (Sl 8.4-6); 10.7 (Sl 40.6-8); 12.6 (Pv 3.11-12).

de Jerusalém — portanto é bem provável que essa epístola tenha sido escrita antes do ano 70, talvez em meados da década de 60.

DESTINATÁRIOS, OCASIÃO E PROPÓSITO

Além de não citar explicitamente seu autor, a epístola aos Hebreus — apesar de ter esse nome já consagrado na tradição cristã — também não especifica para quem estava sendo escrita. O entendimento tradicional, com base nas evidências internas, defende que a carta foi endereçada a judeus convertidos à fé cristã e que, por isso, estavam sendo perseguidos e forçados a retornar ao judaísmo.

Esses judeus haviam se convertido a Cristo mediante a pregação dos apóstolos (2.1-4), mas agora eram tentados a abandonar a fé por causa da intensa perseguição. Tudo isso indica que haviam aceitado o cristianismo já havia um tempo. Essa perseguição era promovida por seus próprios patrícios judeus, que consideravam o cristianismo uma religião apóstata e Jesus Cristo, um falso messias. A perseguição incluía expulsão das sinagogas, perda de emprego se o patrão fosse judeu e até mesmo pressão para que o cônjuge judeu se divorciasse do que havia se tornado cristão.

Muitos haviam perdido seus bens, outros estavam presos e alguns líderes da igreja talvez já tivessem morrido por Cristo (13.7), embora o autor pareça sugerir que a perseguição ainda não havia chegado ao ponto do martírio (12.4). Vários haviam cedido à pressão e voltado atrás, reingressando nas sinagogas. Para isso, eram requeridos a blasfemar o nome de Jesus, como Saulo de Tarso obrigava os cristãos judeus a fazer quando perseguia a igreja (At 26.11). Essa situação de desânimo e apelo para o retorno ao judaísmo levou o autor a escrever essa "palavra de exortação", encorajando os cristãos hebreus a permanecerem firmes na fé que tinham aprendido com os apóstolos, sob risco de perderem eternamente sua alma.

A fim de evitar que seus leitores retornassem ao judaísmo, o autor mostra, com base no Antigo Testamento, que Jesus Cristo é superior a todos os alicerces da fé judaica. Ele é maior que Moisés, Arão e os sacerdotes, pois é o mediador de uma nova aliança superior e mais eficaz que tornou obsoleta toda a lei cerimonial da antiga aliança. Além disso, o sacerdócio de Cristo é superior ao levítico, uma vez que Jesus vive eternamente para interceder por seu povo e não precisa oferecer sacrifícios por si mesmo, tendo oferecido um único sacrifício para pagamento dos pecados daqueles que são seus. Por isso, seu sacrifício na cruz é superior aos sacrifícios de animais feitos no tabernáculo, os quais eram apenas figuras do sacrifício perfeito que um dia seria oferecido a Deus por seu próprio Filho. Após uma extensa argumentação por parte do autor, a conclusão surge de maneira quase óbvia: abandonar a Cristo e retornar aos rituais judaicos seria não apenas um sinal de retrocesso, mas também de perdição.

PASSAGENS DE DIFÍCIL INTERPRETAÇÃO

Hebreus é uma carta que apresenta diversos pontos de difícil interpretação. Entre tantos versículos complicados, vale destacar a passagem clássica que trata da apostasia e que tem sido objeto de muita polêmica ao longo dos séculos:

> Pois é impossível trazer de volta ao arrependimento aqueles que já foram iluminados, que já experimentaram as dádivas celestiais e se tornaram participantes do Espírito Santo, que provaram a bondade da palavra de Deus e os poderes do mundo por vir, e que depois se desviaram. Sim, é impossível trazê-los de volta ao arrependimento, pois, ao rejeitar o Filho de Deus, eles voltaram a pregá-lo na cruz, expondo-o à vergonha pública. (6.4-6)

Existem três interpretações mais comuns para os que "se desviaram" mencionados nessa passagem. A primeira delas propõe que essa expressão se refere a crentes verdadeiros que caíram em pecado e, assim, perderam sua salvação. No entanto, esses cristãos poderiam se arrepender e assim recuperar sua posição de salvos perante Deus — essa é a posição defendida por muitos arminianos, batistas, pentecostais e metodistas, por exemplo. Outra possibilidade de interpretação afirma que a passagem está falando de maneira hipotética. Ela descreve crentes verdadeiros, mas a queda deles é uma hipótese que serve para alertá-los contra o perigo da apostasia e encorajá-los a perseverar na fé.

Por fim, a posição defendida pela tradução reformada interpreta os "desviados" dessa passagem como membros das igrejas que experimentaram e sentiram os benefícios da vida cristã em comunidade, mas que nunca tiveram uma experiência real de conversão, ou seja, nunca foram realmente salvos, uma vez que crentes verdadeiros não caem definitivamente da graça e, portanto, não perdem a salvação.

ESBOÇO

A carta aos hebreus pode ser considerada uma espécie de comentário, uma interpretação do Antigo Testamento à luz da vida, morte e ressurreição de Cristo. Seus destinatários estavam passando por diversas perseguições por causa de sua fé e, por isso, essa carta é marcada por encorajamento e também por advertências sobre o risco da apostasia. Contudo, os temas centrais de Hebreus são a esperança e a graça garantidas por Jesus a todos que o confessam como Senhor e Salvador. Somente aquele que cumpriu toda a lei com perfeição pode inaugurar a nova aliança da qual somos convidados a fazer parte.

Cristo é a revelação maior e final de Deus (1.1-4)

Cristo é superior aos anjos (1.5—2.18)

- **1.5-14:** As razões dessa superioridade
- **2.1-4:** Advertência contra apostasia
- **2.5-18:** A natureza humana do Filho

Cristo é superior a Moisés (3.1—4.16)

- **3.1-19:** Jesus é maior que Moisés
- **4.1-13:** Promessa de descanso
- **4.14-16:** Um Sumo Sacerdote fiel e compassivo

O ofício sacerdotal de Jesus (5.1—7.28)

- **5.1-10:** Um sacerdócio eterno
- **5.11—6.12:** Exortação à maturidade espiritual
- **6.13—7.14:** Abraão e Melquisedeque
- **7.14-28:** Jesus é maior que Melquisedeque

A superioridade do ministério sacerdotal de Cristo (8.1—10.18)

- **8.1-13:** O ministério sacerdotal superior de Cristo
- **9.1-10:** Características da antiga aliança
- **9.11-28:** O sacrifício perfeito
- **10.1-18:** O sacrifício definitivo

Perseverar na fé (10.19—13.25)

- **10.19-39:** Fidelidade e esperança diante do juízo
- **11.1-40:** Os heróis da fé
- **12.1-13:** A disciplina amorosa de Deus
- **12.14-29:** Viver à luz da graça, não da Lei
- **13.1-19:** Instruções para a vida em comunidade
- **13.20-25:** Bênção e conclusão

COMO LER HEBREUS

- Em reverência diante da obra salvífica de Jesus, nosso eterno e definitivo Sumo Sacerdote.
- Atento para as diversas maneiras como o ministério de Jesus cumpriu o Antigo Testamento.
- Descansando no caráter imutável e gracioso de Jesus, o Sumo Sacerdote que "entende nossas fraquezas" (Hb 4.15).

TIAGO

Toda dádiva que é boa e perfeita vem do alto, do Pai que criou as luzes no céu. Nele não há variação nem sombra de mudança. Por sua própria vontade, ele nos gerou por meio de sua palavra verdadeira. E nós, dentre toda a criação, nos tornamos seus primeiros frutos.

TIAGO 1.17-18

TEMAS E CARACTERÍSTICAS CENTRAIS

- Uma das cartas do Novo Testamento que mais apresenta exortações e imperativos éticos.
- Provavelmente o primeiro livro do Novo Testamento a ser escrito, antes mesmo dos Evangelhos e das cartas paulinas.
- Grande número (54) de palavras que só ocorrem uma única vez no Novo Testamento.
- Tiago era meio-irmão do Senhor Jesus.

INTRODUÇÃO

A carta de Tiago é um dos escritos mais práticos do Novo Testamento. Essa epístola possui em média um imperativo ético a cada dois versículos. Tiago se preocupava com o modo de vida de seus leitores e afirma de maneira categórica que o evangelho deve produzir efeitos práticos e visíveis na forma de viver daqueles que afirmam crer em Cristo como Senhor sobre sua vida: "Não se limitem, porém, a ouvir a palavra; ponham-na em prática. Do contrário, só enganarão a si mesmos" (1.22).

Aparentemente, os destinatários dessa carta viviam uma fé superficial, não praticando aquilo que haviam aprendido acerca de Jesus. Esses leitores das "doze tribos espalhadas pelo mundo" faziam acepção de pessoas, favoreciam os mais ricos enquanto desprezavam os pobres (2.1-13), seus mestres mostravam incoerência entre seu ensino e conduta (3.1-18), flertavam com o mundanismo (4.1-17), exercendo, enfim, uma suposta fé que, porém, não produzia frutos: "De que adianta, meus irmãos, dizerem que têm fé se não a demonstram por meio de suas ações?" (2.14). É por isso que Tiago escreve com autoridade; ele exorta seus leitores com a força de um apóstolo, ainda que não fosse ele próprio um dos Doze.

Na verdade, a única referência pessoal a seu autor nessa carta — além de seu nome, é claro — é que Tiago refere-se a si mesmo como "escravo de Deus e do Senhor Jesus Cristo". Essa breve introdução se enquadra perfeitamente nas características epistolares da época, ainda que essa carta se assemelhe mais a um sermão do que a uma carta. Ao que parece, Tiago a escreveu visando que ela fosse lida durante os cultos e reuniões nos lares dos primeiros cristãos, os quais estavam passando por problemas de ordem espiritual e prática e, assim, precisavam de uma palavra pastoral de correção. A ausência de temas doutrinários pode significar que esses cristãos não estavam sofrendo com problemas teológicos ou com a ameaça de falsos profetas — sua fé, digamos, estava correta, mas sua forma de viver ainda necessitava ser mais coerente com a mensagem que professavam.

Aliás, essa ênfase em aspectos da vida cristã e a pouca menção das doutrinas — algo bem característico do período apostólico — quase custaram a essa carta sua inclusão no Novo Testamento. O cânon muratoriano, de cerca de 170 d.C., não incluía a carta de Tiago (também não estavam na lista as epístolas de Hebreus, 1 e 2Pedro e 3João); já Eusébio, durante o quarto século, inseriu essa epístola na categoria de "escritos controversos", apesar de ele mesmo crer em sua autenticidade. Em 367, a carta de Tiago foi inserida no cânon de Atanásio, endossado pelo concílio de Hipona (393) e pelo quarto concílio de Cártago (419). Esses concílios acabaram por aprovar o cânon neotestamentário como o conhecemos hoje.

Entretanto, esse endosso oficial por parte da igreja primitiva não pôs um fim nas polêmicas envolvendo essa epístola. Mesmo no século 16 ainda havia aqueles que não viam essa carta com bons olhos. Um de seus detratores era ninguém menos que o Pai da Reforma protestante, o grande Martinho Lutero. No prefácio à primeira edição de seu Novo Testamento, em 1522, Lutero teceu duras críticas a essa epístola: "Fora com Tiago. Eu quase tenho vontade de jogar Tiago na fornalha".[1] Para o reformador, essa carta conflitava com o restante da Bíblia ("está diretamente contra São Paulo e o restante das Escrituras ao atribuir a justificação às obras") e também não passava em seu principal critério: "Todos os livros sagrados genuínos concordam no aspecto de que todos pregam e apresentam Cristo. E este é o teste verdadeiro para julgar todos os livros, quando vemos se apresentam ou não Cristo". Por essas razões, Lutero se referia a Tiago como uma "epístola de palha", uma vez que não possuía a mesma riqueza e profundidade teológica dos escritos paulinos. O que muitos não sabem é que Lutero, em edições posteriores de seu Novo Testamento, não somente abrandou sua crítica ferrenha contra a carta, como também eliminou boa parte dos comentários negativos que havia feito contra ela anteriormente.

Calvino, por sua vez, não via qualquer motivo para rejeitar a autoridade e canonicidade de Tiago: "Atualmente há também quem creia que ela não possui autoridade. Entretanto, inclino-me a recebê-la sem controvérsia, porquanto não percebo razão justa para rejeitá-la".[2] Para Calvino, também não havia qualquer incompatibilidade entre os ensinos de Tiago e de Paulo:

> Quando Paulo diz que somos justificados mediante a fé, sua intenção não é outra senão dizer que, mediante a fé, somos considerados justos diante de Deus. Tiago, porém, tem em vista algo muito diferente, a saber, mostrar que aquele que professa que tem fé deve provar a realidade de sua fé por meio de suas obras.

[1]Todas as citações atribuídas a Lutero citadas neste parágrafo foram extraídas de Gregg R. Allison, *Teologia histórica: Uma introdução ao desenvolvimento da doutrina cristã* (São Paulo: Vida Nova, 2018), p. 64.

[2]João Calvino, *Epístolas Gerais*, Série Comentários Bíblicos (São José dos Campos, SP: Fiel), p. 31.

Indubitavelmente, Tiago, aqui, não queria ensinar a base sobre a qual nossa esperança da salvação deve repousar; e é justamente nisto que Paulo insiste.[3]

AUTORIA E DATA

O nome Tiago era relativamente comum entre os judeus do primeiro século.[4] Contudo somente dois podem ser seriamente considerados os autores dessa epístola. Um desses possíveis autores seria o apóstolo, irmão de João, filho de Zebedeu. Juntamente com seu irmão e Pedro, esse Tiago fazia parte do círculo mais íntimo ao redor de Jesus. Contudo, a morte do apóstolo Tiago ocorreu logo no começo da igreja, conforme relatado por Lucas (At 12.2), em inícios da década de 40 d.C., fazendo com que seja praticamente impossível que ele tenha escrito essa carta, mesmo que ela seja datada bem cedo. Além disso, seria de imaginar que um apóstolo, ao escrever um documento tão importante, se identificasse como tal, o que não ocorre nessa epístola. Outra possibilidade é que essa carta tenha sido escrita pelo irmão de José, Simão e Judas, e meio-irmão de Jesus, mencionado nos Evangelhos juntamente com suas irmãs (Mt 13.55; Mc 6.3). Cremos que foi ele o autor da carta.

A princípio, Tiago foi um descrente em Jesus, assim como seus outros irmãos (Jo 7.5), mas posteriormente converteu-se à fé em Cristo, talvez em razão de uma aparição específica de Jesus após a ressurreição (1Co 15.7). Tiago logo tornou-se uma das figuras mais proeminentes da igreja apostólica, chegando a ser

[3]Ibid., p. 74.

[4]Um exemplo disso é que entre os doze discípulos de Jesus havia dois homens com esse mesmo nome: Tiago, o irmão do Evangelista João e filho de Zebedeu; e Tiago, filho de Alfeu. O pai de Judas, outro dos Doze também se chamava Tiago (Lc 6.16).

considerado pelo apóstolo Paulo uma das colunas da igreja de Jerusalém e contado entre os apóstolos (Gl 1.19; 2.9). De fato, Tiago tornou-se líder da igreja de Jerusalém e é provável que tenha sido o responsável por presidir o famoso concílio que decidiu que as boas-novas acerca de Cristo também deveriam ser estendidas aos gentios. Com efeito, o relato de Lucas parece sugerir que é de Tiago não apenas o veredito acerca do assunto debatido no concílio, mas também a decisão de escrever uma carta aos cristãos gentios informando-lhes sobre o que fora decidido em Jerusalém pelos apóstolos (At 15.13-21).

Levando em conta essas evidências e também o fato de que essa carta não faz nenhuma menção ao Concílio de Jerusalém e a outros autores neotestamentários, podemos estipular que ela tenha sido escrita em meados da década de 40 d.C., o que sugere que Tiago foi a primeira epístola canônica a ser escrita.

DESTINATÁRIOS, OCASIÃO E PROPÓSITO

A saudação inicial indica que Tiago tinha uma audiência específica em mente ao escrever sua carta: "às doze tribos espalhadas pelo mundo". Mas essa expressão se refere a quem? Tradicionalmente, existem duas possibilidades de interpretação. A primeira é que se trata de uma referência a todos os cristãos, tanto judeus quanto gentios, agora vistos como o verdadeiro Israel. Outra hipótese afirma que os leitores de Tiago eram os judeus convertidos à fé cristã e que haviam sido dispersos pelo Império Romano; segundo os estudiosos, essa segunda opção é mais provável.

Quanto à segunda parte da expressão, isto é, que seus leitores estavam espalhados pelo mundo, é provável que esses judeus cristãos morassem na Babilônia ou na região da Mesopotâmia. Onde quer que estivessem, Tiago usa essa expressão para lembrar-lhes sua condição de peregrinos e forasteiros neste mundo e também para encorajá-los, pois, como a carta deixa transparecer, seus destinatários não estavam vivendo uma situação muito confortável naquele momento: "Meus irmãos, considerem motivo de grande alegria sempre que passarem por qualquer tipo de provação, pois sabem que, quando sua fé é provada, a perseverança tem a oportunidade de crescer" (1.2-3).

É fato que Tiago escreve a uma igreja perseguida, cujos algozes poderiam ser não apenas os romanos, mas também os gentios em geral e até mesmo os próprios judeus. O meio-irmão de Jesus estava ciente da dura situação daqueles que receberiam sua epístola e, por isso, escreve para confortá-los, fortalecê-los e orientá-los nas diversas áreas da vida em que se encontravam deficientes e necessitados.

Os destinatários da carta eram, na maioria, cristãos pobres, a julgar pelas denúncias contra a discriminação contra os menos favorecidos e a opressão exercida pelos patrões ricos (1.9-11; 2.1-6; 5.1-6). Também eram imaturos espiritualmente, uma vez que não praticavam a Palavra de Deus que ouviam regularmente em suas reuniões (1.22-25). Essa imaturidade se manifestava de diversas maneiras, como disputas internas (3.14-15; 4.1-4), impaciência diante das provações e tendência a murmurar e falar mal dos outros (3.9; 4.11; 5.7-8).

Apesar de essa carta ser mais homilética[5] que doutrinária, seu autor deixa claro que a conduta inconsistente de seus leitores estava enraizada em uma compreensão deficiente acerca da justificação pela fé. É por isso que Tiago dedica parte importante e central de sua carta a fim de mostrar que fé e obras deveriam sempre caminhar em companhia uma da outra (2.14-26) — esses versículos, aliás, formam a passagem mais polêmica dessa carta.

[5] Ao usar o adjetivo "homilética" aqui me refiro ao fato de que essa epístola aborda diversas questões práticas, como o comportamento dos ricos, dos que sofrem, dos que estão doentes e dos que estão desviados da fé, por exemplo.

PASSAGENS DE DIFÍCIL INTERPRETAÇÃO

Afinal, a salvação se dá pela fé ou pelas obras? Precisamos fazer algo para ser aceitos por Deus? Tiago discordava do apóstolo Paulo nessa questão? Essas são apenas algumas das perguntas suscitadas por uma passagem-chave dessa carta:

> De que adianta, meus irmãos, dizerem que têm fé se não a demonstram por meio de suas ações? Acaso esse tipo de fé pode salvar alguém? Se um irmão ou uma irmã necessitar de alimento ou de roupa, e vocês disserem: "Até logo e tenha um bom dia; aqueça-se e coma bem", mas não lhe derem alimento nem roupa, em que isso ajuda? Como veem, a fé por si mesma, a menos que produza boas obras, está morta. (2.14-17)

Muitos interpretam esses versículos (e também todo o restante do capítulo 2) como se Tiago estivesse reagindo negativamente ao ensino de Paulo, para quem a salvação está embasada inteiramente pela fé. De acordo com essa hipótese, Tiago está combatendo uma das principais doutrinas abordadas por Paulo, a saber, a justificação pela fé sem as obras da lei.

Entretanto, não há qualquer incompatibilidade entre o ensino de Tiago e de Paulo acerca desse assunto. Tanto Paulo quanto Tiago condenam uma fé hipócrita, teórica, "da boca para fora", ao mesmo tempo que declaram que a fé salvadora se expressa por meio de obras e atos de obediência (Gl 5.6,13; 1Ts 1.3; 1Tm 1.5; Tt 1.6; 3.8; Ef 2.8-10; 1Co 15.2). Dessa forma, Tiago não estava combatendo o ensino do apóstolo Paulo, mas sim um cristianismo teórico; já o foco de Paulo era o legalismo judaico. A conclusão é simples: alvos diferentes requerem ênfases distintas.

O ser humano é justificado diante de Deus pela fé somente. Contudo, ele é justificado diante das pessoas pelas obras que pratica em decorrência da fé. Assim, em certo sentido, a pessoa é também justificada pelas obras, uma vez entendidas como decorrentes da fé salvadora. Ou seja, as obras fazem parte integrante da fé que salva, sendo apenas o outro lado da mesma moeda.

ESBOÇO

Tiago é extremamente pastoral em sua abordagem, já que apresenta conselhos e instruções práticas que devem pautar a conduta de todo cristão. Sua epístola é um manifesto contra a hipocrisia cristã e mostra como o cristianismo incentiva tanto uma obediência ativa (a fé demonstrada por meio da generosidade e por um falar redimido, por exemplo) quanto uma obediência passiva, ou seja, manter-se fiel em meio às tribulações.

Autor, destinatários e saudação (1.1)

Provas e tentações (1.2-18)

1.2-12: Superando as provações
1.13-18: A fonte da tentação

Praticando a Palavra (1.19—2.26)

1.19-27: Ouvir e fazer
2.1-13: Favoritismo proibido
2.14-26: Fé e obras

Palavras e sabedoria (3.1—4.12)

3.1-12: Domar a língua
3.13-18: Dois tipos de sabedoria
4.1-12: Submeta-se a Deus

Uma perspectiva cristã sobre o mundo (4.13—5.12)

4.13-17: Vangloriando-se do amanhã
5.1-6: Advertência aos opressores ricos
5.7-12: Paciência no sofrimento

A oração da fé (5.13-20)

COMO LER TIAGO

- Atento para a necessidade de viver uma vida condizente com a fé que professamos.
- Com a esperança e paciência renovadas diante das provações.
- Motivado a oferecer um testemunho fiel a uma sociedade muitas vezes hostil à mensagem da cruz.

1 e 2

PEDRO

Por sua grande misericórdia, ele nos fez nascer de novo, por meio da ressurreição de Jesus Cristo dentre os mortos. Agora temos uma viva esperança e uma herança imperecível, pura e imaculada, que não muda nem se deteriora, guardada para vocês no céu.

1PEDRO 1.3-4

Porque não inventamos histórias engenhosas quando lhes falamos da poderosa vinda de nosso Senhor Jesus Cristo. Vimos com os próprios olhos seu esplendor majestoso, quando ele recebeu honra e glória da parte de Deus, o Pai.

2PEDRO 1.16-17

TEMAS E CARACTERÍSTICAS CENTRAIS

- 1Pedro apresenta um grego sofisticado.
- 1Pedro foi redigida por um personagem relevante no relato de Atos: Silas (1Pe 5.12).
- Epístolas com alta cristologia, uma vez que Pedro expõe, reiteradamente, a morte, ressurreição e vitória final de Cristo.
- 2Pedro (especialmente 2.1—3.4) é muito semelhante à epístola de Judas.

INTRODUÇÃO

Impulsivo e teimoso. Esses adjetivos podem muito bem descrever o apóstolo Pedro como o vemos nos Evangelhos. Esse apóstolo, um dos principais dentre os Doze, viu sua vida mudar para sempre quando estava pescando no mar da Galileia junto com seu irmão e ouviu um homem chamá-los: "Venham e sigam-me". A impulsividade de Pedro já é demonstrada logo no início, uma vez que ele e seu irmão, "no mesmo instante, deixaram suas redes e o seguiram" (Mc 1.18).

Essas duas características também se mesclaram quando Pedro repreendeu Jesus por este ter predito sua morte (Mt 16.22), ou quando, impulsionado por um desejo legítimo de defender aquele que o chamara para ser "pescador de homens", feriu um servo do sumo sacerdote. Mas talvez o traço impulsivo desse ex-pescador tenha encontrado seu ápice em uma afirmação aparentemente cheia de convicção: "Mesmo que eu tenha de morrer ao seu lado, jamais o negarei!" (Mt 26.35).

Esses episódios na vida do apóstolo mostram uma verdade ainda mais importante: Pedro foi testemunha ocular do ministério de Jesus, como ele mesmo faz questão de mencionar a seus leitores: "Porque não inventamos histórias engenhosas quando lhes falamos da poderosa vinda de nosso Senhor Jesus Cristo. Vimos com os próprios olhos seu esplendor majestoso, quando ele recebeu honra e glória da parte de Deus, o Pai" (2Pe 1.16-17). Pedro foi um dos poucos discípulos que viu o Senhor desafiar a morte ao dizer à filha de Jairo: "*Talita cumi!*" (Mc 5.41); ele também fazia parte de um grupo seleto de apóstolos que presenciou a Transfiguração; e, principalmente, presenciou Jesus ressurreto demonstrar misericórdia e restaurá-lo mesmo após sua traição: "Jesus repetiu a pergunta: 'Simão, filho de João, você me ama?'. 'Sim, Senhor', disse Pedro. 'O senhor sabe que eu o amo'. 'Então cuide de minhas ovelhas', disse Jesus" (Jo 21.16). Todas essas experiências resultaram nessas duas cartas. Um homem a princípio impulsivo e teimoso, agora deixa transparecer um coração quebrantado, humilde e cheio do Espírito Santo.

AUTORIA E DATA

As duas cartas se apresentam como de autoria de Pedro, "apóstolo de Jesus Cristo" (1Pe 1.1; 2Pe 1.1). Em 2Pedro, o autor acrescenta à sua identificação como apóstolo o fato de também ser "escravo de Cristo". Na segunda carta, Pedro também se apresenta como testemunha ocular da transfiguração de Cristo (2Pe 1.16-18) e ainda faz menção a uma carta anterior, certamente 1Pedro: "Amados, esta é minha segunda carta a vocês..." (2Pe 3.1). A igreja primitiva recebeu as duas cartas como canônicas, uma vez que haviam sido escritas por um dos principais apóstolos de Cristo. Contudo, quase dois milênios depois, com o surgimento do método histórico-crítico,[1] a autoria petrina dessas cartas tem sido questionada.

[1]Método hermenêutico fundado sob os pilares do humanismo e do Iluminismo que dá ênfase ao humano em detrimento do divino, e à razão em detrimento da revelação.

Um dos principais argumentos contrários à autoria de 1Pedro está relacionado à sua linguagem. De fato, essa primeira epístola apresenta um grego de elevado nível literário, algo incompatível — na visão de seus críticos, é claro — com um pescador iletrado da Galileia do primeiro século. Esse argumento usa como base passagens no livro de Atos que parecem indicar que Pedro era iletrado (At 2.7-11; 4.13). Contudo, essas passagens não dizem explicitamente que o apóstolo era analfabeto, mas simplesmente que ele não tinha educação formal nas escolas dos rabinos da época. Além disso, o idioma grego, juntamente com o hebraico, era corrente na Galileia; ou seja, Pedro poderia sim ser versado em grego, um idioma que aperfeiçoou ao longo de décadas de ministério até que escrevesse essas cartas. Uma última objeção ao argumento linguístico é o fato de que o apóstolo usou Silas como amanuense de sua primeira carta (1Pe 5.12). Ao que tudo indica, Silas também foi um dos responsáveis por redigir a carta de 1Tessalonicenses — mais um detalhe que ajuda a explicar o grego refinado dessa carta.

Outro argumento contra a autoria de 1Pedro é que a carta pressupõe um período de perseguição oficial do Império Romano contra os cristãos nas províncias da Ásia Menor (1.6; 2.12; 4.12-16; 5.8-9). É provável que essa perseguição sistematizada do império aos cristãos tenha ocorrido durante os reinados de Domiciano (85–96) ou Trajano (98–117), décadas após a morte de Pedro. Contudo, não há nenhum indício em 1Pedro que sugira que essas perseguições eram promovidas pelo Império Romano. Na verdade, elas são descritas mais como insultos, agressões verbais e ameaças da parte de judeus e gentios.

Argumentos contrários à parte, Pais da Igreja, como Eusébio, Policarpo, Papias, Ireneu, Clemente de Alexandria, Orígenes e outros citam 1Pedro como autêntica e derivada das mãos do próprio apóstolo, o qual, ao que tudo indica, estava em Roma quando escreveu.

Esse local de origem é mencionado também por diversos Pais e pelo próprio Pedro: "Aquela que está na Babilônia [ou seja, Roma], escolhida assim como vocês, lhes envia saudações" (1Pe 5.13)

A segunda carta de Pedro também foi alvo de questionamentos por parte de teólogos mais liberais. Alguns estudiosos acreditam que se trata de obra pseudônima, uma carta escrita pretensamente sob o nome de Pedro, depois de sua morte, a fim de honrá-lo, quase como uma espécie de testamento. De fato, a pseudonímia era um recurso literário aceito e até comum naquela época. Entretanto, temos evidências de que os Pais da Igreja rejeitaram cartas pseudônimas e eram extremamente zelosos com a apostolicidade e autenticidade das epístolas que foram reconhecidas como canônicas.

Outro argumento utilizado para pôr em xeque a autoria petrina dessa segunda epístola se concentra no capítulo 2, no qual o apóstolo ataca os falsos mestres. Esse trecho é extremamente parecido com a carta de Judas, o que sugere que alguém, passando-se por Pedro, copiou Judas, uma vez que é pouco provável que um apóstolo incorreria em plágio, principalmente ao copiar um autor com menos autoridade, visto que Judas não era um apóstolo. De fato, a semelhança entre 2Pedro (especialmente o capítulo 2) e Judas é inegável, mas essa dependência literária não é problema para a autoria petrina. Pedro pode ter usado Judas como referência — se é que Judas foi escrito antes — por ter considerado útil e proveitoso o que Judas já tinha escrito sobre falsos mestres. Ou, talvez, Judas é quem usou 2Pedro. Não sabemos ao certo essa relação, visto que a questão de prioridade (isto é, qual foi escrita primeiro) entre essas duas cartas é indefinida.

De acordo com os críticos, resta ainda outra evidência contra a autoria petrina de 2Pedro: o estilo literário e o vocabulário de 2Pedro é diferente da primeira carta. Isso pode soar como indício de que diferentes pessoas escreveram cada epístola.

A explicação para essa discrepância pode ser explicada pelo uso de um amanuense, Silas, na redação da primeira carta, enquanto o próprio Pedro escreveu a segunda. Por fim, ficamos com a posição histórica da igreja: as duas cartas são genuinamente petrinas e, dessa forma, verdadeiramente inspiradas e canônicas. À luz dessa convicção quanto a sua autoria, podemos afirmar que elas foram escritas antes da perseguição imposta por Nero (64-68 d.C.), já que é bem provável que Pedro tenha sido martirizado nesse período.

DESTINATÁRIOS, OCASIÃO E PROPÓSITO

Como já mencionamos, as duas cartas canônicas de Pedro se enquadram na categoria de Epístolas Gerais, posto que não são dirigidas a uma igreja ou indivíduo específico. Mesmo assim, é importante notar que ambas pretendem alcançar os cristãos de determinadas províncias romanas, os quais estavam passando por situações específicas (1Pe 1.1; 2Pe 3.1).

Os destinatários de 1Pedro são descritos como os "escolhidos que vivem como estrangeiros nas províncias de Ponto, Galácia, Capadócia, Ásia e Bitínia". Essas cinco províncias constituem parcialmente o norte da antiga Ásia Menor (atualmente a região noroeste da Turquia). Parte dessa região foi evangelizada pelo apóstolo Paulo em suas viagens missionárias. Em outras partes, o evangelho pode ter chegado através da atividade missionária de outros cristãos.

Os destinatários de 1Pedro eram cristãos em geral — judeus e gentios — espalhados por essas províncias romanas. Considerando a ênfase de Pedro sobre a necessidade de viverem como verdadeiros cristãos em meio aos sofrimentos, deduzimos que eles estavam passando por perseguições da parte dos judeus e dos gentios em geral:

> Amados, não se surpreendam com as provações de fogo ardente pelas quais estão passando, como se algo estranho lhes estivesse acontecendo. Pelo contrário, alegrem-se muito, pois essas provações os tornam participantes dos sofrimentos de Cristo, a fim de que tenham a maravilhosa alegria de ver sua glória quando ela for revelada. (1Pe 4.12-13)

Essas "provações de fogo ardente" deram vazão ao coração e à vocação pastoral de Pedro a fim de encorajar seus leitores a permanecerem firmes na fé em meio aos sofrimentos. Aliás, a palavra *encorajamento* pode resumir bem o propósito da primeira carta: "Meu objetivo ao escrever é encorajá-los e garantir-lhes que as experiências pelas quais vocês têm passado são, verdadeiramente, parte da graça de Deus" (1Pe 5.12).

Já em sua segunda carta, Pedro identifica seus destinatários de maneira mais ampla, uma vez que a epístola é endereçada àqueles "que compartilham de nossa preciosa fé, concedida por meio da justiça de Jesus Cristo, nosso Deus e Salvador" (2Pe 1.1). Contudo, como ele diz que essa é a segunda carta que lhes escreve (2Pe 3.1), podemos supor que 2Pedro também tinha como audiência os cristãos da Ásia Menor, os quais, agora, não sofriam apenas com perseguições externas.

Pelo conteúdo da carta, é possível deduzir que falsos mestres haviam aparecido nessa região, introduzindo doutrinas nocivas que colocavam em risco a firmeza e a estabilidade das igrejas localizadas na Ásia Menor. Não sabemos ao certo que ensinamento falso era esse, mas Pedro nos dá alguns indícios. Aparentemente, essa heresia, entre outras coisas, questionava a demora da segunda vinda de Cristo: "O que houve com a promessa de que ele voltaria? Desde antes do tempo de nossos antepassados, tudo permanece igual, como desde a criação do mundo" (2Pe 3.4). Além disso, esses falsos mestres ensinavam que os cristãos podiam viver de maneira libertina, assim como eles próprios viviam. Contra esses enganadores, Pedro levanta a voz como um pastor a defender seu rebanho: "Os falsos mestres são como criaturas irracionais movidas pelo instinto, que nascem para apanhar e morrer. Nada sabem sobre aqueles a quem insultam e, como animais, serão destruídos por sua própria corrupção. Praticam o mal e receberão o mal como recompensa" (2Pe 2.12-13).

Não sabemos ao certo o quanto Pedro conhecia seus leitores, mas ele escreve consciente de sua autoridade como apóstolo de Cristo e na expectativa de que eles igualmente reconhecessem isso. Contudo, no final de sua segunda carta, Pedro se torna mais um com seus leitores em adoração a Jesus: "A ele seja a glória, agora e para sempre! Amém" (2Pe 3.1).

PASSAGENS DE DIFÍCIL INTERPRETAÇÃO

Jesus, após morrer, desceu ao inferno para pregar àqueles que já estavam condenados. Ao menos essa é uma das interpretações dadas à seguinte passagem:

> Pois Cristo também sofreu por nossos pecados, de uma vez por todas. Embora nunca tenha pecado, morreu pelos pecadores a fim de conduzi-los a Deus. Sofreu morte física, mas foi ressuscitado pelo Espírito, por meio do qual pregou aos espíritos em prisão, àqueles que, muito tempo atrás, desobedeceram a Deus quando ele esperou pacientemente enquanto Noé construía sua embarcação. Apenas oito pessoas foram salvas por meio da água do dilúvio. (1Pe 3.18-20)

Esses versículos são, reconhecidamente, não apenas uma das passagens mais difíceis das cartas de Pedro, mas também de todo o Novo Testamento. Cientes de que estamos diante de um texto controverso, quero expor aqui a explicação que considero menos problemática.

Pedro está dizendo que Cristo pregou — através de Noé — ao povo que vivia no período anterior ao dilúvio. Obviamente, essa pregação não ocorreu pessoalmente, mas mediante o Espírito Santo, que mais tarde haveria de vivificar Jesus dentre os mortos. Essa ministração aconteceu durante os 120 anos (Gn 6.3) em que Noé preparou a arca para salvar sua família de perecer no dilúvio anunciado por Deus.

A geração de Noé rejeitou sua pregação e morreu em desobediência, o que fez que seus espíritos fossem aprisionados — entraram no sofrimento do inferno — logo após morrerem. Quando Pedro escreveu essa carta, os espíritos daqueles homens e mulheres ainda estavam em prisão, condenados e esperando o dia do juízo final, juntamente com todos os ímpios de todas as épocas. É nessa situação que eles se encontram hoje também. Portanto, essa interpretação exclui qualquer ideia de que Cristo tenha descido ao inferno para pregar a mortos ou anjos após sua morte, quer para anunciar sua vitória, quer para dar-lhes uma segunda chance.

ESBOÇO

Nessas cartas, Pedro nos lembra que, como cristãos, podemos desfrutar da dádiva da salvação. Essa realidade atua de diversas formas na vida dos crentes, pois ao mesmo tempo que serve de consolo e encorajamento em meio às perseguições, também nos desafia a permanecer fiéis em todos os âmbitos da vida. A primeira carta mostra como essa fidelidade deveria se manifestar nos diferentes tipos de relacionamentos (escravos e senhores, maridos e esposas), enquanto na segunda epístola Pedro mostra a importância da fidelidade ao evangelho em meio aos falsos ensinos.

1Pedro

Saudação (1.1-2)

Louvor a Deus pela esperança viva do evangelho (1.3-12)

1.3-5: Doxologia
1.6-9: Sofrimento como parte da vida cristã
1.10-12: O privilégio de viver na era cristã

Seja santo (1.13—2.3)

1.13-21: Ser filhos do Pai
1.22—2.3: Torne-se o que você é

A pedra viva e um povo escolhido (2.4-10)

2.4-8: A casa do Pai
2.9-10: Agora você é o povo de Deus

Vivendo em santidade em uma sociedade pagã (2.11—3.7)

2.11-12: Vivam como estrangeiros e exilados
2.13-17: Submeter-se à autoridade pagã
2.18—3.7: Vivendo para Cristo no lar

Sofrendo por fazer o bem (3.8-22)

3.8-12: Virtudes cristãs para uma vida justa
3.13-17: Uma vida justa desvia o dano
3.18-22: A vitória de Cristo sobre o sofrimento injusto

Vivendo para Deus (4.1-11)

4.1-6: Vivendo a vitória de Cristo
4.7-11: Vivendo à luz do fim de todas as coisas

Sofrimento por ser cristão (4.12-19)

Aos presbíteros e ao rebanho (5.1-11)

Saudações finais (5.12-14)

2Pedro

Saudação (1.1-2)

Confirmando o chamado e a eleição (1.3-11)

As profecias das Escrituras (1.12-21)

Falsos mestres e sua destruição (2.1-22)

O Dia do Senhor (3.1-18)

COMO LER 1 E 2PEDRO

- Confiantes de que, assim como Pedro, também podemos desfrutar da graça de Deus quando pecamos.
- Pedindo a Deus que nos fortaleça para enfrentar a hostilidade, zombaria e escárnio dos descrentes.
- Dispostos a nos apegarmos às Escrituras como fonte última de autoridade, a fim de resistir aos falsos ensinamentos.

1, 2 e 3

JOÃO

Deus mostrou quanto nos amou ao enviar seu único Filho ao mundo para que, por meio dele, tenhamos vida. É nisto que consiste o amor: não em que tenhamos amado a Deus, mas em que ele nos amou e enviou seu Filho como sacrifício para o perdão de nossos pecados.

1JOÃO 4.9-10

TEMAS E CARACTERÍSTICAS CENTRAIS

- 1João: A importância da comunhão.
- 2João: Como identificar falsos mestres.
- 3João: Auxílio aos obreiros fiéis.

INTRODUÇÃO

Pouco antes de ascender aos céus, Jesus disse a seus discípulos que eles receberiam poder do Espírito Santo para serem testemunhas do evangelho não apenas em Jerusalém e nas cidades próximas, mas até mesmo "nos lugares mais distantes da terra" (At 1.8). Esses discípulos, ao verem o Senhor ressurreto voltando aos céus, talvez tenham tido a impressão de que anunciar as boas-novas seria tarefa fácil e livre de problemas.

Mas a história do Novo Testamento mostra que não foi bem assim. A igreja apostólica enfrentou muitos problemas e lutas para se firmar, algo que Jesus já havia predito, conforme o apóstolo João registrou em seu Evangelho: "Uma vez que eles me perseguiram, também os perseguirão" (Jo 15.20). Essas perseguições assumiram diversas formas e vinham desde agentes externos, como a forte oposição aos cristãos que surgiu após a morte de Estêvão,[1] até dissensões dentro da própria igreja, como o episódio envolvendo Ananias e Safira (At 5.1-11) e os embates entre os judeus de fala grega e os que falavam hebraico (At 6.1-7).

[1]Após a morte de Estêvão, Lucas nos diz que "uma grande onda de perseguição começou naquele dia e varreu a igreja de Jerusalém. Todos eles, com exceção dos apóstolos, foram dispersos pelas regiões da Judeia e de Samaria" (At 8.1). Note como Deus, em sua infinita soberania, usa até mesmo situações adversas para fazer com que seu reino avance: essa perseguição espalhou diversos crentes para as regiões da Judeia e Samaria, exatamente os lugares onde Jesus disse que eles testemunhariam acerca do evangelho.

Nesse contexto de adversidade, as cartas joaninas nos dão informações sobre um problema diferente (e aparentemente até mais brando e insignificante), porém muito problemático à época: a hospitalidade e recepção de profetas itinerantes nas casas dos cristãos. No primeiro século, a itinerância era o método mais empregado para a evangelização, ou seja, muitos crentes deixavam suas casas e viajavam para anunciar o evangelho em locais onde não havia testemunho cristão. Por isso era necessário que esses pregadores contassem com a hospitalidade de irmãos para hospedá-los em suas casas. Entretanto, muitos falsos mestres passaram a se aproveitar dessa hospitalidade a fim de disseminar um falso ensino na igreja.

AUTORIA E DATA

A primeira carta de João não segue as convenções literárias da época. Não apresenta a identificação do autor e dos destinatários e, ao final, não traz saudações e bênção. Mesmo assim, é considerada uma das Epístolas Gerais do Novo Testamento. O fato de João não mencionar qualquer pessoa pelo nome nessa carta (diferentemente do que acontece em 2João 1 e 3João 1,9,12) sugere que ela pode ter sido uma carta circular, isto é, endereçada a várias igrejas de determinada região (tudo indica a Ásia Menor, nesse caso) e que deveria ser lida como uma espécie de sermão a ser obedecido por todos. Já 2 e 3João se assemelham mais às cartas da época, citando autor e destinatários e terminando com saudações. Elas têm um caráter mais pessoal: 2João é dirigida a uma igreja específica da Ásia Menor, e 3João tem como destinatário um homem chamado Gaio, possivelmente membro de uma dessas igrejas.

Apesar de 1João ser uma carta anônima, desde cedo a igreja a reconheceu e recebeu como documento de autoria do apóstolo João, uma vez que o autor fala com a autoridade de um apóstolo de

Cristo — ele exorta, comanda, orienta, adverte e admoesta certo de que será atendido. Ele também se apresenta como testemunha dos sofrimentos de Cristo e de sua ressurreição, e faz isso logo no início da carta, no intuito de apresentar suas credenciais como apóstolo:

> Proclamamos a vocês aquele que existia desde o princípio, aquele que ouvimos e vimos com nossos próprios olhos e tocamos com nossas próprias mãos. Ele é a Palavra da vida. Aquele que é a vida nos foi revelado, e nós o vimos. Agora, testemunhamos e lhes proclamamos que ele é a vida eterna. Ele estava com o Pai e nos foi revelado. (1Jo 1.1-2)

Outro forte argumento a favor da autoria joanina está em seu vocabulário, estilo e linguagem, muito parecidos com o Evangelho de João.[2] Além disso, 1João é muito semelhante ao Evangelho joanino especialmente em seu prólogo e com relação às palavras de Jesus no Cenáculo, seu discurso de despedida aos discípulos (Jo 14—17).[3]

Quanto à data, 1João deve ter sido escrita próximo do final da vida do apóstolo (em torno de 80 ou 90 d.C.), já que combate uma forma de gnosticismo mais elaborada, segundo a qual Jesus não poderia ter tido um corpo físico. Esse argumento é contraposto por João: "aquele que ouvimos e vimos com nossos próprios olhos e tocamos com nossas próprias mãos" (1Jo 1.1).

[2]Em 1João, assim como no Quarto Evangelho, há uma profusão de palavras em comum, como "princípio, verbo/palavra, consolador/advogado". Também é possível perceber termos teológicos centrais compartilhados por esses dois livros: Filho unigênito, Salvador do mundo, Espírito da verdade, nascido de Deus, água e sangue etc.

[3]No que diz respeito às referências externas, Pais da Igreja como Papias, Ireneu, Clemente de Alexandria, Tertuliano e Orígenes citam a carta como sendo de João. Eusébio, no quarto século, menciona que o autor dessa carta e das outras duas foi um certo "presbítero João".

Já em relação a 2João, a igreja cristã defende, desde o início (muito embora não unanimemente), que o "presbítero" que a escreveu é o próprio apóstolo João (2Jo 1.1), embora os motivos pelos quais ele se apresente apenas como presbítero sejam desconhecidos. Muitos escritos do período pós-apostólico atribuem, de maneira direta ou não, a autoria da carta ao apóstolo João, como Policarpo, Ireneu, Clemente de Alexandria, Eusébio, Dionísio de Alexandria e outros. Isso é notável, pois em se tratando de uma carta brevíssima, seria natural que ela quase nunca fosse citada. Além disso, existe muita semelhança de vocabulário e estilo entre 2João e as demais cartas de João e seu Evangelho, além do tom de autoridade que permeia toda a carta. Quanto à data, considerando a semelhança com 1João, é possível que tenha sido escrita na mesma época, entre 80 e 90 d.C.

As evidências da autoria joanina de 3João são, em parte, as mesmas de 2João. Há diversas frases de 3João que aparecem de forma idêntica ou similar na correspondência joanina restante: "amo na verdade" (3Jo 1.1//2Jo 1.1); "eu não poderia ter maior alegria" (3Jo 1.4//2Jo 1.4); "quem faz o bem prova que é filho de Deus" (3Jo 1.11//1Jo 3.7,10) etc. Além disso, assim como as outras epístolas, 3João tem um tom de autoridade que ultrapassaria aquela geralmente concedida a um mero presbítero. O autor determina a Gaio como proceder, menciona que escreveu uma carta à igreja e que vai confrontar Diótrefes. Diante de tudo isso, não temos motivos sólidos suficientes para rejeitar a autoria joanina dessas três cartas. Elas são da pena do apóstolo João, filho de Zebedeu, o discípulo amado, o mesmo autor do Evangelho com seu nome.

DESTINATÁRIOS, OCASIÃO E PROPÓSITO

Muitos especialistas acreditam que João enviou sua primeira carta às igrejas localizadas na Ásia Menor, já que alguns Pais da

Igreja afirmam que "o discípulo a quem Jesus amava" viveu seus últimos dias na cidade de Éfeso, ministrando às comunidades daquela região. Isso nos leva a supor que João escreveu sua primeira epístola às igrejas daquela região. Quem sabe uma dessas igrejas não receberia mais tarde uma carta ditada pelo próprio Cristo e redigida por João (Ap 1.11)?

Os destinatários de 1João estavam sendo ameaçados por erros doutrinários e práticos ensinados por pregadores itinerantes que frequentavam as igrejas cristãs e procuravam disseminar suas doutrinas. Esses mestres eram ex-cristãos que saíam pelo mundo afora procurando enganar as pessoas. Eram adeptos de formas embrionárias de gnosticismo, ensinando que o espírito é totalmente bom e a matéria totalmente má — consequentemente negavam que Jesus é o Cristo e que ele viera como um homem. Para esses mestres, Jesus tinha um corpo aparente, mas não um corpo humano real. Esses falsos mestres também não viam nada de errado com uma vida em pecado, já que, para eles, pecado e iniquidade se resumiam apenas ao que é material, físico, palpável. Assim, por que deveriam se preocupar com as necessidades físicas e materiais dos cristãos carentes?

Quanto à segunda carta, ela foi endereçada a uma igreja local em algum lugar da Ásia Menor. O apóstolo havia encontrado em Éfeso, onde morava, membros dessa igreja (2Jo 1.4), a qual ele considerava como sendo de sua responsabilidade, provavelmente por estar na província da Ásia, onde o apóstolo concentrou seus esforços ao final de sua vida. João foi informado por esses irmãos que a igreja estava sendo visitada por pregadores itinerantes que ensinavam uma doutrina diferente da apostólica com respeito à pessoa de Cristo. Os membros dessa igreja estavam dando abrigo a esses mestres, fato que já vinha causando dissensão na igreja. Por isso, João resolve visitá-los, e escreve para preparar sua visita, antecipando orientações quanto ao recebimento desses falsos pregadores.

Já a terceira carta de João foi escrita pelo apóstolo a um cristão chamado Gaio,[4] para tratar de um grave problema relacionado à obra missionária na igreja da qual Gaio fazia parte. Esse problema atendia pelo nome de Diótrefes, um homem que havia se tornado o principal líder dessa igreja. Diótrefes era um judaizante e não queria que o evangelho fosse pregado aos gentios.

João enviava aos gentios pregadores itinerantes, os quais eram recebidos na igreja de Diótrefes, que passou a expulsar os pregadores enviados pelo apóstolo e proibiu que eles se hospedassem na casa dos membros da igreja. Gaio era o responsável por receber esses pregadores itinerantes e providenciar tudo de que eles necessitavam para seguir viagem. João havia escrito uma carta à igreja sobre esse assunto (3Jo 1.9), mas sem sucesso e sem resposta. Ele então recebeu a visita em Éfeso de irmãos dessa igreja que lhe falaram da situação entre Gaio e Diótrefes. Isso levou João a escrever a Gaio.

PASSAGENS DE DIFÍCIL INTERPRETAÇÃO

O principal problema textual dessas três cartas está relacionado a uma das principais doutrinas do cristianismo, a Trindade: "Pois há três que dão testemunho *no céu: o Pai, a Palavra e o Espírito Santo; e estes três são um. E três são os que testificam na terra*: o Espírito, a água e o sangue, e os três são unânimes num só propósito" (1Jo 5.7-8, ARA).

[4] O nome Gaio aparece em outras três ocasiões no Novo Testamento (At 19.29, 20.4; 1Co 1.14), mas é impossível afirmarmos com plena convicção que se trata do mesmo Gaio que recebeu a terceira epístola de João.

Os manuscritos mais antigos não trazem o trecho em itálico destacado acima.[5] Isso levou muitos estudiosos a acreditarem que essa seção trinitária foi escrita por Cipriano, um Pai da Igreja, que fez uma homilia em latim sobre a Trindade baseada em 1João 5.7. Essa afirmação trinitária foi adicionada por alguns escribas na margem das cópias em latim que fizeram de 1João. Dessa forma, o trecho acabou sendo inserido em cópias da Vulgata — edição em latim da Bíblia produzida por Jerônimo no sexto século — e, finalmente, na terceira edição do texto grego publicado por Erasmo de Roterdã, em 1521, no período da Reforma. Em contrapartida, outros estudiosos acreditam que a expressão é original e que foi preservada na tradição textual representada pela maioria dos manuscritos, embora mais recentes. O assunto representa uma grande polêmica, porém a doutrina da Trindade não depende exclusivamente dessa passagem para sua comprovação bíblica.

ESBOÇO

À primeira vista, essas três epístolas parecem tratar de temas distintos. Contudo, é possível enxergar paralelos entre elas. De certa forma, 1João dá o tom da argumentação do apóstolo em suas três epístolas ao ressaltar que, ao amarmos uns aos outros, provamos que amamos a Deus. No entanto, amar não significa que devemos aceitar qualquer tipo de ensinamento — os falsos mestres precisam ser desmascarados e refutados (2João). Além disso, os desdobramentos práticos da comunhão (um dos temas centrais de 1João), também podem ser observados em 3João, pois, nessa carta,

[5] As versões mais antigas em português do Novo Testamento (ARC, ARA) mantêm a expressão, ainda que entre colchetes. Já versões mais modernas, como NVI, NAA, NVT, NTLH, omitem esse trecho por completo ou o incluem apenas em notas de rodapé.

o apóstolo mostra a importância da hospitalidade e apoio aos irmãos que pregam o evangelho com fidelidade.

1JOÃO

Prefácio (1.1-4)

O primeiro teste moral (1.5—2.6)

- **1.5-7:** Comunhão com Deus e com os outros
- **1.8-11:** A atitude correta para com o pecado
- **2.1-3:** Cristo, nosso advogado
- **2.4-6:** Como saber que conheço a Jesus

O primeiro teste social (2.7-17)

- **2.7-11:** O amor aos irmãos
- **2.12-14:** Testados, porém encorajados
- **2.15-17:** Amor a Deus e ao mundo

O primeiro teste doutrinário (2.18-28)

- **2.18-23:** Os anticristos
- **2.24-28:** Como ficar firmes contra o erro

O segundo teste doutrinário (2.29—3.10)

- **2.29—3.6:** Filhos de Deus
- **3.7-10:** Filhos do Diabo e filhos de Deus

O segundo teste social (3.11-21)

- **3.11-16:** Caim e Jesus
- **3.17-21:** O verdadeiro amor e seus benefícios

O segundo teste moral (3.22-24)

O terceiro teste doutrinário (4.1-6)

O terceiro teste social (4.7-21)

- **4.7-12:** O amor de Deus por seu povo
- **4.13-16:** Deus em nós, e nós nele
- **4.17-21:** O perfeito amor

Os três testes juntos (5.1-5)

O quarto teste doutrinário (5.6-21)

- **5.6-10:** O testemunho de Deus sobre Jesus Cristo

5.11-15: A vida eterna em Jesus Cristo
5.16-17: O pecado para a morte
5.18-21: A certeza do cristão

2JOÃO

Verdade: a base da comunhão e do amor (1.1-4)

Amor consiste em andar nos mandamentos (1.5-6)

Doutrina correta: base da comunhão e hospitalidade (1.7-11)

A necessidade da comunhão (1.12-13)

3JOÃO

O encorajamento de Gaio (1.1-8)

A denúncia contra Diótrefes (1.9-11)

A recomendação de Demétrio (1.12)

Conclusão (1.13-15)

COMO LER 1, 2 E 3JOÃO

- Ciente da presença de falsos profetas no cenário evangélico atual.
- Com apreço renovado pela importância da comunhão entre os crentes.
- Disposto a exercer a disciplina espiritual da hospitalidade.

JUDAS

Toda a glória seja àquele que é poderoso para guardá-los de cair e para levá-los, com grande alegria e sem defeito, à sua presença gloriosa.

JUDAS 1.24

TEMAS E CARACTERÍSTICAS CENTRAIS

- Deus não deixará impune os que abusam de sua graça.
- Apesar de curta, Judas está repleta de referências a personagens e episódios do Antigo Testamento: a libertação do povo de Israel do Egito, Sodoma e Gomorra, Caim, Moisés, Balaão, Corá, Enoque etc.
- Judas cita trechos de duas obras pseudepigráficas: *Ascensão de Moisés* e *1Enoque*.
- A doutrina da perseverança dos santos.

INTRODUÇÃO

Falsos mestres, judaizantes, protognosticismo — eis alguns temas e personagens recorrentes do Novo Testamento que demandaram muito esforço e argumentação por parte de seus autores. Com Judas não foi diferente. É bem provável que sua intenção inicial fosse escrever uma carta com um conteúdo distinto do que vemos hoje em nossas Bíblias; ele mesmo afirma isso após sua saudação inicial: "Amados, embora planejasse escrever-lhes com todo empenho sobre a salvação que compartilhamos, entendo agora que devo escrever a respeito de outro assunto e insistir que defendam a fé que, de uma vez por todas, foi confiada ao povo santo" (1.3). O texto indica que Judas pretendia escrever alguma coisa sobre a "comum salvação", talvez sobre fé e obras, um ponto polêmico de sua época. Entretanto, alguma coisa (não sabemos exatamente o quê) aconteceu e fez com que Judas mudasse seu objetivo inicial. Tudo indica que ele recebeu notícias acerca da atividade dos falsos mestres nas igrejas sobre as quais tinha influência e sentiu necessidade de denunciá-los e fortalecer os cristãos. Foi assim que nasceu essa exortação poderosa em forma de carta.

Por várias razões, seja por sua brevidade ou por sua semelhança com 2Pedro, essa carta não tem despertado o interesse nos estudos e pesquisas do Novo Testamento. No entanto, como veremos, Judas é uma epístola rica de ensinamentos e aplicações para nossos dias. De acordo com João Calvino, essa é uma carta atemporal:

> Ora, se considerarmos o que Satanás tem tentado em nossa época, desde quando o evangelho começou a ser vivificado, e quais as artes ele ainda emprega ativamente com o fim de subverter a fé e o temor de Deus, e que utilidade teve esta advertência nos dias de Judas, ela se faz mais que necessária em nossos dias.[1]

Além de ser uma carta relevante para todas as épocas, Judas também pode ser considerada uma epístola circular, caracterizada por um tom mais distanciado e pela falta de menção a pessoas específicas. De acordo com essas características, é bem provável que Judas quisesse que sua carta fosse lida em diversas igrejas que estivessem sob a influência do ensino pernicioso dos falsos mestres.

Apesar da clara importância dessa breve carta, sua inclusão no cânon do Novo Testamento foi muito contestada a princípio. Boa parte dessa tensão na igreja primitiva se deve ao fato da utilização de literatura pseudepigráfica por parte de Judas:

> Mas nem mesmo o arcanjo Miguel se atreveu a acusar o diabo de blasfêmia. Ele disse apenas: "O Senhor o repreenda!". (Isso aconteceu quando Miguel discutia com o diabo a respeito do corpo de Moisés.) (1.9)

> Enoque, que viveu na sétima geração depois de Adão, profetizou a respeito desses homens, dizendo: "Ouçam! O Senhor vem com incontáveis milhares de santos para julgar a todos. Convencerá os pecadores de seus atos perversos e dos insultos que pronunciaram contra ele". (1.14-15)

[1] João Calvino, *Epístolas Gerais*, Série Comentários Bíblicos (São José dos Campos, SP: Fiel), p. 498.

O versículo 9 faz alusão a uma obra conhecida como *Ascensão de Moisés*, ao passo que os versículos 14 e 15 parecem ser uma citação quase literal de 1*Enoque*, obra judaica de autoria desconhecida.[2] Isso fez com que o livro de Judas fosse visto com suspeita por muitos líderes da igreja antiga, o que retardou sua aceitação no cânon do Novo Testamento. É evidente que o emprego de trechos de obras não canônicas não concede *status* de Escritura a tais obras. O apóstolo Paulo, por exemplo, menciona que Janes e Jambres resistiram a Moisés no deserto (2Tm 3.8), um episódio que não se encontra no Antigo Testamento, mas que fazia parte da tradição judaica oral.[3] Citar ou aludir a uma obra não significa necessariamente endossá-la em sua inteireza. Contudo, uma vez que Judas, inspirado pelo Espírito Santo, citou esses eventos, devemos recebê-los como sendo fatos históricos, transmitidos oralmente dentro da tradição judaica através dos séculos.

AUTORIA E DATA

O autor dessa carta se identifica como "escravo de Jesus Cristo e irmão de Tiago". Há vários homens mencionados no Novo Testamento e que atendiam pelo nome de Judas:[4]

- *O apóstolo Judas* (não o Iscariotes), filho de Tiago, que aparece na lista dos Doze apresentada por Lucas (Lc 6.16), e

[2]O trecho de 1*Enoque* diz o seguinte: "Eis que ele vem com dez mil dos seus santos para executar julgamento sobre todos. E para destruir todos os ímpios. E para condenar toda carne por causa da sua impiedade que impiamente cometeram e por todas as coisas duras que ímpios pecadores têm falado contra ele".
[3]Em outras passagens como At 17.28 e Tt 1.12, Paulo também faz uso de literatura externa às Escrituras.
[4]Não vamos mencionar Judas Iscariotes nessa breve lista uma vez que, por motivos óbvios, ele não poderia ter escrito essa carta.

que também é chamado de Tadeu na relação de discípulos apresentada por Mateus e Marcos.

- *Judas Barsabás*, que, juntamente com Silas, foi escolhido pelos líderes da igreja de Jerusalém para viajar e comunicar a decisão do concílio à igreja de Antioquia da Síria (At 15.22).
- *Judas de Damasco*, o responsável por hospedar Paulo após sua conversão (At 9.11).
- *Judas, irmão de Tiago* (autor da epístola canônica que leva seu nome) *e meio-irmão de Jesus*. A maioria dos estudiosos concorda que esse Judas é o autor da carta. De acordo com os Evangelhos, Maria teve, além de Jesus, outros filhos, Tiago, José, Simão e Judas, bem como filhas cujos nomes não são citados (Mt 13.55).[5] No início, os irmãos e irmãs de Jesus se mostraram incrédulos e até mesmo tentaram impedir seu ministério (Jo 7.5; Mt 12.47; Mc 3.21), porém, mais tarde, creram nele como Filho de Deus e se juntaram aos demais discípulos: "Todos eles se reuniam em oração com um só propósito, acompanhados de algumas mulheres e também de Maria, mãe de Jesus, e os irmãos dele" (At 1.14).[6]

Há várias evidências que sustentam a hipótese de que Judas, meio-irmão de Jesus, é o autor dessa epístola. O autor da carta se refere a Tiago como sendo seu irmão, e só há um Tiago no Novo Testamento conhecido o suficiente para ser identificado apenas pelo nome: o líder da igreja em Jerusalém e irmão de Jesus (Gl 1.19). Judas também dá a entender que não é um

[5] Apesar dos esforços de estudiosos católicos — por causa do dogma católico da perpétua virgindade de Maria — de negar que esses homens eram realmente irmãos de Jesus, resta pouca dúvida de que eles eram realmente filhos de José e de Maria.

[6] Paulo menciona que os irmãos de Jesus também se engajaram na obra missionária: "Não temos o direito de levar conosco uma esposa crente, como fazem os outros apóstolos, e como fazem os irmãos do Senhor e Pedro?" (1Co 9.5).

apóstolo ("Amados, lembrem-se do que previram os apóstolos de nosso Senhor Jesus Cristo", 1.17), o que acaba por excluir a possibilidade de que o apóstolo Judas, filho de Tiago e um dos Doze, tenha sido o autor dessa carta.

Por fim, diversas características da carta apontam para uma origem no judaísmo cristão da Palestina: o autor cita o texto hebraico do Antigo Testamento, em vez da versão grega, a Septuaginta. Ele conhece e cita episódios do Antigo Testamento (1.5-7,11), além de obras apocalípticas apócrifas de origem judaica que circularam a princípio em círculos do judaísmo da Palestina no primeiro século.

Mesmo assim, a autoria de Judas não é unanimidade. Uma alegação contrária é a alta qualidade do grego empregado na epístola. Argumenta-se que dificilmente um judeu da Palestina teria conhecimentos que lhe permitissem escrever com essa competência. Todavia, muitos judeus da Palestina eram cultos e versados na língua grega e, além do mais, Judas poderia muito bem ter empregado um amanuense grego, como Paulo fazia com frequência e como Pedro fez ao escrever sua segunda carta.

Assim, como entendemos que a carta foi escrita por Judas, irmão de Jesus, o limite temporal máximo tem de ser por volta de 80 d.C. Ficamos com a opinião de que Judas foi escrita entre os anos 65 e 80.

DESTINATÁRIOS, OCASIÃO E PROPÓSITO

Judas afirma escrever essa carta aos que "foram chamados por Deus, o Pai", uma designação abrangente que não possibilita afirmar com plena certeza quem eram os destinatários que o autor tinha em mente ao escrever sua carta. Há algumas evidências que parecem apontar para judeus convertidos ao cristianismo e que viviam espalhados pelo Império Romano.

Essa hipótese é sustentada pelas referências a episódios do Antigo Testamento e à literatura apócrifa. Judas introduz esses assuntos sem maiores explicações, o que sugere que sua audiência estava familiarizada com a história do êxodo, de Sodoma e Gomorra, de Caim, Balaão, Coré e Adão, além das histórias não canônicas sobre o corpo de Moisés e as profecias de Enoque. Em segundo lugar, a referência que ele faz, no versículo 4, aos falsos profetas que se introduziram nas comunidades cristãs promovendo a imoralidade sexual parece indicar um ambiente gentílico marcado pela libertinagem moral, algo típico da cultura pagã em geral.

Nesse ponto, cabe fazermos uma digressão a fim de olhar mais de perto quem eram esses falsos mestres que afirmavam que "a graça de Deus permite levar uma vida imoral" (1.4). Esses homens haviam se introduzido "sem serem notados" nas comunidades cristãs, isto é, fingindo que eram cristãos como os demais, a ponto de frequentarem as celebrações cristãs como se fizessem parte do rebanho (1.12). Contudo, não foram capazes de disfarçar por muito tempo sua verdadeira identidade, pois logo havia ficado claro que traziam um ensinamento diferente do apostólico. Eles pregavam que a graça de Deus em Jesus Cristo concedia licença para que o cristão vivesse uma vida libertina e, dessa forma, negavam a Jesus Cristo (1.4).

Judas diz que essas pessoas afirmavam ter uma pretensa autoridade "com base em sonhos", o que pode indicar que apelavam para visões e revelações de Deus como autoridade para seu ensino. Nessa mesma linha de raciocínio, ao dizer que eles não tinham o Espírito (1.19), Judas rebate a reivindicação desses mestres, que se diziam espirituais. Aparentemente, o falso ensino era fonte de lucro para eles, uma vez que enganavam os outros por dinheiro (1.11) e viviam apenas "para satisfazer seus próprios desejos" (1.16). Ao mesmo tempo que obtinham ganhos ilícitos, também causavam prejuízos à igreja, já que haviam provocado divisões entre os irmãos (1.19) e formado discípulos, pessoas que outrora afirmavam a fé verdadeira em Cristo e que agora vacilavam (1.22-23) ao seguir mestres carismáticos que ensinavam não haver leis ou padrões morais absolutos para os cristãos.

Toda essa situação levou Judas a escrever essa carta, preocupado com o bem-estar espiritual das comunidades cristãs nas quais esse falso ensino já estava exercendo forte influência. Após exortar os cristãos a batalhar pela fé e não se envolver com os apóstatas, Judas, no final de sua epístola, conforta seus leitores com a certeza de que Deus os guardará e assim conclui com uma das mais belas manifestações de louvores de toda a literatura neotestamentária:

> Toda a glória seja àquele que é o único Deus, nosso Salvador por meio de Jesus Cristo, nosso Senhor. Glória, majestade, poder e autoridade lhe pertencem desde antes de todos os tempos, agora e para sempre! Amém. (1.25)

PASSAGENS DE DIFÍCIL INTERPRETAÇÃO

Existe grande semelhança entre a carta de Judas e 2Pedro, uma vez que praticamente a maior parte desta encontra paralelos naquela. O material que as duas cartas têm em comum trata quase que exclusivamente dos falsos profetas e, portanto, a conclusão natural é que existe uma dependência entre as duas obras. A pergunta é: qual autor usou como base a outra carta?

Alguns defendem que Judas foi escrita primeiro e Pedro se utilizou dela para compor sua segunda epístola. Outros entendem que Pedro escreveu primeiro e depois Judas recorreu ao livro em sua carta. Por fim, há quem defenda que os dois autores se valeram de uma terceira fonte comum. Existem bons argumentos em favor da primeira e da segunda hipótese, mas nenhum é decisivo. Temos de nos contentar com o fato de que, por enquanto, não sabemos quem copiou quem. Ao final, isso não fará diferença para a inspiração e autoridade de Judas e 2Pedro.

ESBOÇO

Assim como outros escritos neotestamentários, Judas também dedica muito de seu conteúdo para tratar dos falsos mestres. Porém, mais do que apenas expor o erro de seu ensino, Judas busca mostrar o estilo de vida reprovável desses falsos pastores, cuja vida era marcada por imoralidade, egoísmo, ganância e murmuração. Já no fim de sua carta, Judas estabelece um claro contraste entre a vida dos falsos mestre e o testemunho dos verdadeiros cristãos — estes deveriam pautar sua caminhada pela compaixão, pela misericórdia e pelo serviço.

Destinatários e saudação (1.1-2)

O motivo da carta (1.3-4)

Advertência contra os perigos da apostasia (1.5-16)
- **1.5-7:** Exemplos de apóstatas no passado
- **1.8-16:** Características dos apóstatas no presente

Instruções contra a apostasia (1.17-23)
- **1.17-19:** Lembrar o ensino dos apóstolos
- **1.20-21:** Edificar-se na fé
- **1.22-23:** Demonstrar misericórdia aos outros

A vitória sobre a apostasia (1.24-25)

COMO LER JUDAS

- Atento para as consequências de uma vida imoral e dissoluta.
- Encorajado a não abrir mão das verdades centrais do evangelho, mesmo em meio a tantas ideias distorcidas sobre o cristianismo.
- Confiante na certeza da salvação (1.24).

APOCALIPSE

Vejam, eu venho em breve e
trago comigo a recompensa
para retribuir a cada um
de acordo com seus atos.
Eu sou o Alfa e o Ômega,
o Primeiro e o Último, o
Princípio e o Fim.

APOCALIPSE 22.12-13

TEMAS E CARACTERÍSTICAS CENTRAIS

- Repleto de símbolos e metáforas, em linguagem semelhante à do livro de Daniel.
- Também pode ser descrito como uma carta: começa com o nome do autor, seguido da indicação dos destinatários e termina com uma bênção.
- Seu objetivo é mostrar o domínio absoluto de Deus sobre todas as coisas.
- Escrito para encorajar e fortalecer os cristãos que estavam passando por severas perseguições.

INTRODUÇÃO

Hermenêutica preterista, escatologia pré-milenista, amilenismo, a grande tribulação — todos esses conceitos intrincados estão presentes com frequência em discussões teológicas envolvendo Apocalipse, considerado por muitos o livro mais difícil de ser interpretado em toda a Bíblia. O livro já começa de maneira impactante: "Revelação de Jesus Cristo, que Deus lhe deu para mostrar a seus servos os acontecimentos que ocorrerão em breve" (1.1). Fica claro que estamos diante de um conteúdo revelado a João pelo próprio Senhor ressurreto acerca daquilo que aconteceria no futuro.

Logo depois de escrever essas palavras iniciais, uma grande cortina parece se abrir e o mundo espiritual é revelado aos olhos de João: anjos, demônios e animais fantásticos se misturam em acontecimentos cataclísmicos e descrições extraordinárias do universo. Sua primeira visão é do esplendor do próprio Jesus:

> A cabeça e os cabelos eram brancos como a lã e a neve, e os olhos, como chamas de fogo. Os pés eram como bronze polido, refinado numa fornalha, e a voz ressoava como fortes ondas do mar.

Na mão direita tinha sete estrelas, e de sua boca saía uma espada afiada dos dois lados. A face brilhava como o sol em todo o seu esplendor. (1.14-16)

À luz dessa visão, João tinha plena consciência daquele diante de quem ele se achava. Sabia também que estava escrevendo por inspiração divina acerca de fatos presentes e futuros. É por isso que considera seu livro uma profecia: "Feliz é aquele que lê as palavras desta profecia, e felizes são aqueles que ouvem sua mensagem e obedecem ao que ela diz, pois o tempo está próximo" (1.3). Esse último livro do cânon bíblico pode, de fato, ser definido como uma profecia, mas também como uma carta e, conforme se evidencia em seu título, uma obra do gênero apocalíptico, estilo utilizado por João para registrar suas visões.

Entre 200 e 100 a.C., muitas obras apócrifas escritas por autores judeus passaram a imitar o estilo das visões encontradas no livro de Daniel, a fim de compilar uma série de pretensas revelações recebidas de Deus através de visões contendo soluções para o problema do mal e o futuro do reino de Israel e de seus inimigos. Uma das principais características dessas obras era o uso de linguagem simbólica para discorrer acerca de mistérios sobre o céu e a terra, a humanidade e Deus, anjos e demônios, a vida do mundo hoje e o mundo por vir. Um de seus temas principais era que Deus haveria de vindicar Israel contra os gentios no fim dos tempos.

Posteriormente, por causa da influência do Apocalipse de João, esses livros vieram a ser chamados de "apocalipses", formando um gênero literário próprio: a apocalíptica. Os apocalipses judeus mais importantes são 1*Enoque*, o *Testamento de Moisés* (também chamado de *Ascensão de Moisés*), 4*Esdras* (ou 2*Esdras*), 2*Baruque* e o *Apocalipse de Abraão*. Nenhuma dessas obras foi considerada canônica pelos judeus, que, via de regra, rejeitaram esse tipo de literatura como não inspirada.

O objetivo principal do livro é mostrar o domínio absoluto de Deus sobre o mundo e seus habitantes, e que ao final Cristo triunfará contra todos os seus inimigos. Ao apresentar essa visão escatológica triunfante, João estaria confortando e animando os cristãos que estavam passando por grandes sofrimentos por causa de sua fé em Jesus Cristo: "Vejam, o tabernáculo de Deus está no meio de seu povo! Deus habitará com eles, e eles serão seu povo. O próprio Deus estará com eles. Ele lhes enxugará dos olhos toda lágrima, e não haverá mais morte, nem tristeza, nem choro, nem dor. Todas essas coisas passaram para sempre" (21.3-4).

AUTORIA E DATA

O autor se apresenta como "João" duas vezes logo no início do livro: "Ele enviou um anjo para apresentá-la a seu servo João, que relatou fielmente tudo que viu" (1.2) e "Eu, João, escrevo às sete igrejas na província da Ásia" (1.4). O apóstolo se considerava companheiro de seus leitores nas tribulações pelo evangelho, e por isso estava exilado na ilha de Patmos (1.9). No final do livro, João mais uma vez expõe sua identidade: "Eu, João, sou aquele que ouviu e viu todas essas coisas" (22.8).

Tradicionalmente, a igreja cristã tem entendido que se trata do apóstolo João, o mesmo autor do Evangelho e das três cartas que trazem seu nome. De fato, há muitas semelhanças entre o Evangelho joanino e Apocalipse. Nos dois livros, Jesus é apresentado como o Verbo (*logos*) e é chamado de "Cordeiro". Além disso, somente o Evangelho de João e Apocalipse contêm a expressão "fonte de águas vivas". Apesar dessas semelhanças, podemos afirmar que o apóstolo João atuou sobretudo como alguém que recebeu e registrou essas visões, quase como uma espécie de amanuense. O nome de seu verdadeiro autor tem preeminência sobre o nome do apóstolo e aparece logo na abertura: "Revelação de *Jesus Cristo*".

É possível saber quando João recebeu essa revelação? Existem duas posições principais entre os estudiosos. A primeira defende uma data ao final do reino de Nero (54–68 d.C.), durante a perseguição que o imperador moveu contra os cristãos acusados de incendiar Roma.[1] Quanto à segunda posição, Ireneu, um Pai da Igreja do início do segundo século, escreveu que "João recebeu o Apocalipse quase em nossos dias, mais para o fim do reinado de Domiciano".[2] De acordo com essa proposta mais tardia de datação, João escreveu o Apocalipse no final de sua vida, quando a perseguição oficial do Império Romano contra os cristãos estava no auge, movida pelo imperador Domiciano (81–96 d.C.), o que nos dá uma data na década de 90 — hipótese preferida pela maioria dos estudiosos e a posição que adotamos aqui.

DESTINATÁRIOS, OCASIÃO E PROPÓSITO

João identifica seus destinatários como as "sete igrejas na província da Ásia" (1.4): Éfeso, Esmirna, Pérgamo, Tiatira, Sardes, Filadélfia e Laodiceia (1.11). Entretanto, como havia muito mais que sete igrejas na província da Ásia, região que João pastoreou durante seus últimos anos, e considerando ainda que os tópicos abordados em cada uma das cartas individuais são gerais e relevantes para toda a cristandade, podemos entender que João pretendia que sua obra fosse lida por todos os cristãos, e não somente nessas sete igrejas.

Nessa época, os cristãos espalhados pelo império passavam por perseguições severas e constantes. Muitos haviam sido presos, torturados e mortos por sua fé em Cristo. Assim, precisavam de

[1]Os defensores dessa data mais antiga baseiam sua conclusão no fato de Apocalipse 11.1-2 ser uma profecia sobre a destruição de Jerusalém pelos romanos, o que só aconteceria no ano 70.

[2]*Contra as heresias*, 5.30.3.

esperança, conforto, ânimo e coragem para perseverar na fé e não abandonar o evangelho. João, que também fora vítima dessa perseguição — uma vez que estava preso e exilado como prisioneiro do império na ilha de Patmos —, recebeu em seu cativeiro uma revelação de Deus, uma profecia a ser enviada ao povo cristão em sofrimento. O emprego do gênero apocalíptico para transmitir essa mensagem era bem adequado por suas características literárias e seu apelo poderoso para a imaginação, os sentimentos e a fé.

De certa forma, a situação vivenciada pelas igrejas do período em que Apocalipse foi escrito revela verdades que podem ser aplicadas à nossa condição no presente, mostrando qual o plano de Deus em relação a todo o mal que enfrentamos. A igreja de Deus no mundo sempre será perseguida pelo diabo e por ímpios. Porém, Deus julgará o mundo pela perseguição promovida contra seus servos.

Durante o tempo presente, o Senhor Jesus Cristo está assentado no trono do universo administrando o reino de Deus, chamando seu povo, julgando seus inimigos e preparando todas as coisas para a consumação, que se dará em sua segunda vinda, quando triunfará e reinará sobre todo o universo. A morte, o pecado, Satanás e os ímpios serão julgados e condenados eternamente, e não haverá mais pecado ou mal no mundo novo que Deus criará. Deus restaurará sua criação a um estado de glória superior ao inicial, e seus eleitos habitarão com ele para todo o sempre. Em resumo, essa era a mensagem de Apocalipse não só à sua audiência original, mas a todos os cristãos de todas as épocas que sofrem algum tipo de perseguição.

PASSAGENS DE DIFÍCIL INTERPRETAÇÃO

Talvez todo o livro de Apocalipse devesse ser incluído nesta seção, mas enfoquemos aqui a passagem mais polêmica de todo o livro:

> Então vi um anjo descer do céu trazendo na mão a chave do abismo e uma grande corrente. Ele prendeu o dragão, a antiga serpente que é o diabo, Satanás, e o acorrentou por *mil anos*. O anjo o lançou no abismo, o fechou e pôs um lacre na porta, de modo que ele não pudesse mais enganar as nações até que terminassem os *mil anos*. Depois disso, é necessário que ele seja solto por um pouco de tempo.
>
> Vi tronos, e os que estavam sentados neles haviam recebido autoridade para julgar. Vi também as almas daqueles que haviam sido decapitados por testemunharem a respeito de Jesus e por proclamarem a palavra de Deus. Não tinham adorado a besta nem sua estátua, nem aceitado sua marca na testa ou nas mãos. Eles ressuscitaram e reinaram com Cristo por *mil anos*.
>
> Esta é a primeira ressurreição. (O restante dos mortos só voltou à vida depois que terminaram os *mil anos*.) Felizes e santos são aqueles que participam da primeira ressurreição. A segunda morte não tem poder algum sobre eles, pois serão sacerdotes de Deus e de Cristo e reinarão com ele por *mil anos*. (20.1-6, grifos meus)

Se você leu esse trecho com atenção (se não o fez, convido-o a reler) reparou que a polêmica gira em torno da expressão "mil anos". Existem três linhas escatológicas distintas quanto à interpretação do que seria esse período de tempo.

O *pré-milenismo* entende que Jesus voltará antes do milênio, que consistirá em mil anos literais aqui neste mundo. Cristo reinará fisicamente nesse período sobre a terra, enquanto Satanás ficará preso. Nesse período, o povo ressurreto de Deus viverá aqui com o Senhor, reinando sobre o restante da humanidade. Ao final dos mil anos, Satanás será solto para perturbar as nações, e depois será vencido de uma vez por todas. Será o início do novo céu e da nova terra.

Já o *pós-milenismo* defende que Jesus voltará depois do milênio, o qual consiste em um longo período de paz e prosperidade liderado pela igreja aqui neste mundo. Nesse período, sob a influência do evangelho, as nações viverão em paz e Deus será adorado e glorificado. Essa posição entende que a igreja crescerá e alcançará todo o mundo antes da vinda do Senhor Jesus Cristo. Pouco antes disso, Satanás será solto, mas finalmente julgado e derrotado pelo Senhor em sua vinda.

Há ainda o *amilenismo*. De acordo com essa visão escatológica, Cristo já reina e o milênio não é literal, mas compreende o período entre a primeira e segunda vinda de Jesus, ou seja, a era da igreja. Os crentes que já morreram reinam com Cristo no céu. Satanás já foi amarrado (limitado) na morte e ressurreição de Cristo e não pode impedir o avanço do evangelho, embora ainda esteja ativo e atuante no mundo. Ao final dessa era, Satanás receberá permissão para outra vez enganar as nações, mas então será destruído e condenado pelo Senhor Jesus em sua vinda.

Não é fácil tomar uma posição. Essas perspectivas escatológicas têm sido defendidas ao longo dos séculos por homens de Deus preparados e piedosos. Atualmente, prevalece entre os reformados a visão amilenista. Uma das razões é o reconhecimento de que a escatologia de Paulo é realizada, ou seja, o apóstolo considera que os últimos tempos já foram inaugurados.[3] Portanto, Cristo já reina e o único evento que evento que falta para dar cabo da história é a *parousia* (a segunda vinda de Jesus), a qual introduzirá a nova criação.

ESBOÇO

O livro de Apocalipse foi escrito para uma audiência que estava passando por tribulações atrozes e carecia de esperança. Assim,

[3] "Essas coisas que aconteceram a eles nos servem como exemplo. Foram escritas como advertência para nós, que vivemos no fim dos tempos" (1Co 10.11).

nada melhor do que iniciar o livro com uma visão de Cristo ressurreto em toda a sua glória e majestade e encerrá-lo com Jesus no trono, como um maestro orquestrando a sinfonia da renovação de todas as coisas. Entre o início e o fim, Apocalipse se desenvolve de maneira dramática estimulando a imaginação de seus leitores e testemunhando o poder supremo de Deus sobre todas as coisas.

Por meio das cartas enviadas às sete igrejas, Jesus mostra que estava atento ao contexto de cada uma dessas comunidades e instrui seus membros a se manterem fiéis e íntegros — mesmo em meio ao caos, havia motivos para esperança! Nos capítulos seguintes, o Leão da tribo de Judá, o Cordeiro, é apresentado como o único capaz de julgar e condenar todo o mal cósmico, representado por dragões, bestas e até mesmo pela Babilônia (uma metáfora para Roma). Por fim, é hora de dar cabo da maior inimiga da humanidade: a morte. Depois disso, ouvimos Jesus afirmar em um brado triunfante: "Vejam, faço novas todas as coisas!" (Ap 21.5).

Introdução (1.1-8)

1.1-3: Prólogo

1.4-8: Saudações e doxologia

Cristo no meio dos candelabros (1.9—3.22)

1.9-20: A visão de Cristo dada a João

2.1-7: Carta à igreja em Éfeso

2.8-11: Carta à igreja em Esmirna

2.12-17: Carta à igreja em Pérgamo

2.18-29: Carta à igreja em Tiatira

3.1-6: Carta à igreja em Sardes

3.7-13: Carta à igreja em Filadélfia

3.14-22: Carta à igreja em Laodiceia

A sala do trono celestial e os selos (4.1—8.5)

4.1-11: O trono no céu

5.1-14: O pergaminho e o Cordeiro

6.1-17: Os selos

7.1-8: 144 mil selados
7.9-17: A grande multidão em vestes brancas
8.1-5: O sétimo selo e o incensário dourado

As sete trombetas (8.6—11.19)

8.6—9.21: As trombetas
10.1-11: O anjo e o pequeno pergaminho
11.1-14: As duas testemunhas
11.15-19: A sétima trombeta

O conflito cósmico entre o Dragão e o Cordeiro (12.1—14.20)

12.1-17: A mulher e o Dragão
13.1-10: A besta do mar
13.11-18: A besta da terra
14.1-5: O Cordeiro e os 144 mil
14.6-13: Os três anjos
14.14-20: Colhendo a terra e pisando o lagar

As sete taças (15.1—16.21)

15.1-8: Sete anjos com sete pragas
16.1-21: As sete taças da ira de Deus

Destruição da Babilônia, a prostituta (17.1—19.10)

17.1-18: Babilônia, a prostituta montada na Besta
18.1-3: Lamento pela Babilônia caída
18.4-8: Aviso para escapar do julgamento da Babilônia
18.9-20: A tríplice da queda da Babilônia
18.21-24: A finalidade da perdição da Babilônia
19.1-10: Aleluia tríplice sobre a queda da Babilônia

A vitória final, julgamento e restauração (19.11—21.8)

19.11-21: O guerreiro celestial derrota a Besta
20.1-6: Os mil anos
20.7-10: O julgamento de Satanás
20.11-15: O julgamento dos mortos
21.1-8: Um novo céu e uma nova terra

A Nova Jerusalém e a gloriosa presença de Deus (21.9—22.5)

21.9-27: A Nova Jerusalém, a Noiva do Cordeiro
22.1-5: Éden restaurado

Conclusão (22.6-21)

22.6-11: João e o anjo

22.12-21: Epílogo: convite e advertência

COMO LER APOCALIPSE

Uma vez que Apocalipse faz parte de um gênero literário muito específico (é o único de seu tipo em todo o Novo Testamento), aproveitemos esta seção para tratar das principais correntes interpretativas sobre o livro. Apesar de não haver uma única opção correta, a lente interpretativa escolhida para abordar Apocalipse impactará toda a sua visão acerca do texto.

- *Preterista.* Para os preteristas os eventos descritos no Apocalipse já aconteceram e estão todos no passado, ou seja, João teria escrito após os eventos terem ocorrido. Contudo, os preteristas evangélicos admitem que ainda resta o cumprimento futuro da segunda vinda de Cristo, a ressurreição dos mortos e a chegada dos novos céus e da nova terra.
- *Futurista.* Ao contrário dos preteristas, os adeptos dessa linha interpretativa entendem que todos os acontecimentos descritos entre os capítulos 4—22 se referem a eventos históricos no futuro, que iriam acontecer muito tempo depois que João escreveu esse livro, a saber, a vinda de Cristo, a ressurreição dos mortos, o juízo final e os novos céus e a nova terra. Entre os futuristas encontram-se os dispensacionalistas, que interpretam os capítulos 6—19 como a profecia de uma tribulação literal de sete anos após o arrebatamento da igreja. Após a tribulação, Deus cumprirá suas promessas de abençoar Israel durante um período de mil anos literais do reinado de Cristo sobre a terra. Outra modalidade de futurismo é o pré-milenismo histórico, segundo o qual a igreja passará pela tribulação final e compartilhará o futuro governo terreno de Cristo durante o milênio.
- *Idealista.* De acordo com essa escola exegética, os eventos descritos nesse livro não se referem a nenhum acontecimento histórico. Eles são usados de maneira figurada para expressar

o conflito contínuo entre Deus e Satanás ao longo da história da igreja.

- *Eclética.* Essa abordagem interpretativa procura combinar os elementos das visões anteriores. Assim, considera que o livro trata de situações históricas vividas pelos leitores de João no primeiro século, ao mesmo tempo que afirma que essas situações envolvem princípios que se aplicam a todas as igrejas em todas as épocas, como afirmado pelos idealistas. Os defensores da escola eclética também destacam — assim como os futuristas — que ainda há muita coisa para acontecer relacionada com a consumação do reino de Deus, como a vinda de Cristo. Muitos amilenistas adotam essa abordagem eclética de Apocalipse.
- *Historicista.* Essa perspectiva entende que o livro segue a sequência temporal da história, começando com os acontecimentos da época de João até a segunda vinda de Cristo. Uma variante dessa perspectiva é o paralelismo histórico, que defende que João conta a mesma história sete vezes, cada uma delas aumentando os detalhes e enfocando diferentes atores da mesma história. Ou seja, João narra sete vezes os acontecimentos entre a primeira e a segunda vinda de Cristo. Cada vez inclui a perseguição da igreja seguida do juízo dos ímpios e o triunfo de Cristo. Essa é a posição que consideramos mais coerente com o livro e que é seguida por muitos amilenistas.

Apesar das diferenças, todas essas abordagens concordam em relação ao tema central de Apocalipse: o governo soberano de Deus sobre a história, o triunfo final de Cristo sobre as hostes do mal, e a salvação de seu povo pelo qual ele morreu e ressuscitou. De certa forma, esses temas perpassam toda a narrativa do Novo Testamento, cujos livros mostram Deus intervindo diretamente na história por meio de seu Filho, usando homens e mulheres imperfeitos para o avanço de seu reino, sustentando a igreja em meio a provações e encorajando seus discípulos a permanecerem fiéis uma vez que ele tem o controle de todas as coisas.

No início de seu Evangelho, João nos mostra que Jesus estava presente no princípio de todas as coisas. Como é animador e reconfortante saber que João também foi testemunha ocular do ápice da história e viu que nele Jesus também reinava: "Então vi um Cordeiro que parecia ter sido sacrificado, mas que agora estava em pé entre o trono e os quatro seres vivos e no meio dos 24 anciãos" (5.6).

Que este breve estudo que empreendemos pelos livros do Novo Testamento redunde em louvor e num anseio cada vez maior pelo retorno de nosso Mestre. Assim, juntemos nossa voz à de João e, juntos, clamemos: Vem, Senhor Jesus!

SOBRE O AUTOR

Augustus Nicodemus Lopes é pastor presbiteriano, escritor e professor. É bacharel em Teologia pelo Seminário Presbiteriano do Norte, em Recife, mestre em Novo Testamento pela Universidade Cristã de Potchefstroom, na África do Sul, e doutor em Hermenêutica e Estudos Bíblicos pelo Seminário Teológico de Westminster, nos Estados Unidos, onde também obteve o pós-doutorado em Novo Testamento, com estudos adicionais na Universidade Reformada de Kampen, na Holanda. Casado com Minka Schalkwijk, é pai de Hendrika, Samuel, David e Anna.

Compartilhe suas impressões de leitura,
mencionando o título da obra, pelo e-mail
opiniao-do-leitor@mundocristao.com.br
ou por nossas redes sociais

Esta obra foi composta com tipografia Tisa Pro e Zeitung Micro
e impressa em papel Offset 75 g/m² na gráfica Santa Marta

A PALESTINA NA ÉPOCA DE JESUS

O MINISTÉRIO DE JESUS

Cronologicamente falando, não é possível descrever sequencialmente os eventos da vida do Senhor Jesus Cristo de uma forma precisa. Nenhum dos Evangelhos contidos no Novo Testamento segue uma estrutura cronológica evidente. Por esta razão, a estrutura apresentada aqui segue uma ordem geográfica, basicamente do norte ao sul do mapa. Pelo fato de o Evangelho de Mateus conter a maior parte das informações aqui citadas, e por ser o Evangelho que apresenta maiores particularidades geográficas, as passagens sinópticas estão relacionadas a este livro, exceto onde houver alguma outra referência, ou caso alguma passagem em outro Evangelho contenha informações mais pertinentes ao evento citado.

Ⓐ *Região de Tiro:* a filha da mulher gentia é curada (Mt 15.21-28)

Ⓑ *Cesareia de Filipe:* a grande declaração de Pedro (Mt 16.13-20)

Ⓒ *Monte Merom/Monte Tabor/Monte Hermom:* (1) possível local da transfiguração (Mt 17.1-13); (2) o jovem endemoninhado é liberto nas proximidades de alguns destes locais (Mt 17.14-21)

Ⓓ *Caná da Galileia:* (1) Jesus transforma água em vinho (Jo 2.1-11); (2) o filho do oficial de Cafarnaum é curado (Jo 4.46-54)

Ⓔ *Genesaré:* (1) possível local onde Jesus alimentou uma multidão (Mt 14.13-21; 15.32-39); (2) local onde ocorreram muitas curas (Mc 6.53-56)

Ⓕ *Região de Corazim:* (1) juízo pronunciado contra as cidades de Corazim, Betsaida e Cafarnaum (Mt 11.20-24); (2) possível local onde o Senhor proferiu o Sermão do Monte (Mt 5–7)

Ⓖ *Cafarnaum:* (1) local de pesca (Lc 5.1-11); (2) um espírito impuro é expulso (Mc 1.21-28); (3) o Sermão do Monte (Mt 5–7); (4) a sogra de Pedro é curada (Mt 8.5-13); (5) o servo de um oficial romano é curado (Mt 8.5-13); (6) um paralítico é curado (Mc 2.1-12); (7) a mulher que sofria de uma hemorragia é curada (Mc 5.25-34); (8) a filha de Jairo é ressuscitada (Lc 8.40-56); (9) dois cegos são curados (Mt 9.27-31); (10) um mudo endemoninhado é liberto (Mt 9.32-34); (11) os doze apóstolos são enviados (Mt 10.1-15); (12) o homem que tinha uma mão mirrada é curado (Mt 12.9-13); (13) outro homem possesso é liberto (Mt 12.22-37); (14) a provisão do imposto do templo (Mt 17.24-27); (15) o discurso do pão da vida (Jo 6.22-59)

Ⓗ *Betsaida:* (1) possível local onde Jesus alimentou uma multidão (Mt 14.13-21; 15.32-39); (2) um cego é curado (Mc 8.22-26)

Ⓘ *Mar da Galileia próximo a Betsaida:* andando sobre as águas (Mt 14.22-33)

Ⓙ *Mar da Galileia:* a tempestade é acalmada (Mt 8.23-27)

Ⓚ *Gergesa/Gadara:* possível local onde foram expulsos os demônios que entraram nos porcos; os porcos então se precipitaram, afogando-se (Lc 8.26-39)

Ⓛ *Nazaré:* (1) cidade onde Jesus viveu durante sua infância (Mt 2.19-23); (2) Jesus foi rejeitado pelos habitantes desta cidade (Lc 4.16-30)

Ⓜ *Naim:* local onde o filho da viúva foi ressuscitado (Lc 7.11-17)

Ⓝ *Região da Galileia:* (1) um leproso é curado (Mc 1.40-45); (2) aparições pós-ressurreição de Jesus aos discípulos (Mt 28.16-20)

Ⓞ *Decápolis (Região de Dez Cidades):* Jesus curou muitas pessoas nesta região (Mt 15.29-31; Mc 7.31-37)

Ⓟ *Região entre a Galileia e Samaria:* (1) a recusa de entrar no vilarejo (Lc 9.51-56); (2) dez leprosos são curados (Lc 17.11-19)

Ⓠ *Sicar:* a mulher no poço de Samaria (Jo 4.1-42)

Ⓡ *Efraim:* o retiro de Jesus com os discípulos (Jo 11.54)

Ⓢ *Região da Pereia:* (1) o ensino sobre o casamento (Mt 19.1-12); (2) possível local da cura de uma mulher enferma (Lc 13.10-13); (3) possível local da cura de um homem hidrópico (Lc 14.1-6); (4) possível local do diálogo entre Jesus e o jovem rico (Lc 18.18-30)

Ⓣ *Jericó:* (1) local da cura de Bartimeu (Mc 10.46-52); (2) local da conversão de Zaqueu (Lc 19.1-10)

35°L
36°L
33°N
FENÍCIA
Ⓐ
Monte Hermom
Ⓒ
Ⓑ
Cesareia de Filipe
(Paneias)
Tiro
ALTA
GALILEIA
Lago Hula
Gischala
Monte Merom
(Jebel Jarmuk)
Ⓒ
GAULANITES
Ptolemaida
(Aco)
BAIXA
GALILEIA
Ⓕ Ⓗ
Corazim
Betsaida
Cafarnaum
Ⓘ
Ⓔ
Genesaré
Ⓖ
Mar da Galileia
(Mar de Quinerete)
Jotapata
Ⓓ
Caná
Magdala
Ⓝ
Ⓙ
Gergesa
Hipo
Tiberíades
Ⓚ
Rio Quisom
Séforis
Rio Jarmuque
Nazaré
Ⓒ
Monte Tabor
Ⓚ
Gadara
Ⓛ
VALE DE ESDRAELOM
Naim
Ⓜ
Betânia
além do Jordão
(possível localização)
Dora
Citópolis
(Bete-Seã)
Cesareia
Pella
Ⓟ
SAMARIA
Enom
Salim
Rio Jordão
DECÁPOLIS
Ⓞ

(U) *Betânia:* (1) local da ressurreição de Lázaro (Jo 11.1-44); (2) Maria unge os pés de Jesus (Jo 12.1-11)
(V) *Jerusalém:* (1) Jesus é levado ao templo (Lc 2.41-42); (2) o diálogo com Nicodemos (Jo 3.1-21); (3) a cura do homem no tanque de Betesda (Jo 5.2-9); (4) a mulher surpreendida em adultério (Jo 8.2-11); (5) a tentativa de apedrejar o Senhor (Jo 8.12-59); (6) a cura de um cego de nascença (Jo 9.1-12); (7) a entrada triunfal de Jesus (Mt 21.1-11); (8) a purificação do templo (Jo 2.13-22); (9) a Última Ceia (Lc 22.7-30); (10) o julgamento e crucificação de Jesus (Mt 26.57–27.50); (11) o sepultamento de Jesus (Lc 23.50-56); (12) aparições pós-ressurreição de Jesus a Maria e aos discípulos (Jo 20.1-31)
(W) *Emaús:* aparições pós-ressurreição de Jesus a dois homens (Lc 24.13-32)
(X) *Monte das Oliveiras:* (1) o discurso do Mt. Oliveiras (Mt 24.3–25.46); (2) a agonia e prisão de Jesus no Getsêmani (Mt 26.36-56); (3) a ascensão de Jesus (At 1.6-12)
(Y) *Belém:* cidade natal de Jesus (Lc 2.1-20)
● Cidade
○ Cidade (localização incerta)
▲ Topo de montanha
Mar Mediterrâneo (Grande Mar)
(Samaria)
Monte Ebal
Sicar
Monte Gerizim
Q
Rio Jarcom
Rio Jaboque
Antipátride (Afeque)
Alexandrium
Gadora
PEREIA
S
Jope
32°N
Lida (Lode)
R
Efraim (Ofra)
Filadélfia (Amã)
Jamnia
W
Emaús (Nicópolis)
T
Jericó
Abila
Betânia além do Jordão (localização tradicional)
Esbo (Hesbom)
Emaús
V
Jerusalém
Betânia
U
En-Karim
Monte das Oliveiras
X
Qumran
Azoto (Asdode)
Belém
Y
JUDEIA
Ascalom
DESERTO DA JUDEIA
Marisa
Macaero
Hebrom
Mar Morto (Mar Salgado)
Gaza
Rio Arnom
Ribeiro de Besor
Ráfia
Massada
Berseba
NABATEIA
IDUMEIA
0 10 20 Milhas
0 10 20 Quilômetros
35°L
36°L

VIAGENS MISSIONÁRIAS DE PAULO
MACEDÔNIA
TRÁCIA
Filipos
Anfípolis
Neápolis
Tessalônica
Bereia
Apolônia
Samotrácia
Mar de Mármara
BITÍNIA
EPIRO
Lemnos
MÍSIA
Trôade
Assôs
Mar Egeu
ÁSIA
Mitilene
Pérgamo
Tiatira
LÍDIA
Sardes
Filadélfia
FRÍGIA
Mar Jônico
Delfos
Evvoia
Quios
Esmirna
Éfeso
Samos
Corinto
Cencreia
Atenas
ACAIA
Esparta
Patmos
Mileto
CÁRIA
Laodiceia
Colossos
Cós
Cnido
LÍCIA
Pátara
Mirra
Rodes
Fenice (Fênix)
Creta
Bons Portos
Ancira (Ancara)
GALÁCIA
Lago Tuz
CAPADÓCIA
COMAGENE
Antioquia da Pisídia
Icônio
LICAÔNIA
PISÍDIA
Listra
Derbe
PANFÍLIA
Atália
Perge
CILÍCIA
Tarso
Issus
Alepo
Selêucia
Antioquia
Rio Eufrates
SÍRIA
Chipre
Salamina
Pafos
Mar Mediterrâneo
(Grande Mar)
FENÍCIA
ABILENE
Sidom
Tiro
Damasco
Ptolemaida
Cesareia
Rio Jordão
Jerusalém
JUDEIA
ARÁBIA
Alexandria
EGITO
30°E
35°E
40°N
35°N
0 50 100 Milhas
0 50 100 Quilômetros
Portões Cilicianos
Primeira viagem (ida)
Primeira viagem (volta)
Segunda viagem (ida)
Segunda viagem (volta)
Terceira viagem (ida)
Terceira viagem (volta)
Viagem a Roma
VIAGEM DE PAULO A ROMA
Roma
Praça de Ápio
Putéoli
Três Vendas
ITÁLIA
Mar Jônico
Sicília
Régio
Siracusa
Malta
MACEDÔNIA
Bizâncio (Istambul)
Niceia
PONTO
GALÁCIA
ÁSIA
Mar Egeu
Atenas
Éfeso
Tarso
Cnido
Mirra
Fenice (Fênix)
Creta
Rodes
Laseia
Chipre
SIRIA
Bons Portos
Sidom
Mar Mediterrâneo
Cesareia
Cirene
CIRENAICA
EGITO

MC DESTAQUES

Manual para mães de garotas descoladas

O mundo de sua garotinha é bem diferente do seu, mas o que ela mais quer é que vocês tenham um bom relacionamento. Nancy Rue aponta caminhos para que a relação entre mãe e filha seja viva e saudável.

| 304 pág.

Conheça o hotsite das Faithgirlz!

Sete necessidades básicas da criança

Aprenda a desenvolver o caráter da criança e prepará-la para a vida adulta, tornando-a mais segura, disciplinada e, acima de tudo, temente a Deus.

| 144 pág.

Incertezas de outono

Charlie Moore enfrenta sérios problemas com sua esposa Esther, cuja saúde fica abalada após um acidente de carro. Agora eles precisam estar empenhados para enfrentar esta crise e continuar a ser o exemplo de casal tão admirado por todos na cidade de Deepwater Cove.

| 320 pág.

#ficadica pra ser mais esperto

Este livro vai ajudar meninos a se tornarem caras bacanas, com coisas muito boas para mostrar e dividir com outras pessoas.

| 104 pág.

Guia-me, Espírito Santo

Conheça o Espírito Santo, aprenda a ouvir sua voz suave quando ele fala ao seu coração. Ele quer ajudar você a ter um relacionamento verdadeiro com Deus.

| 312 pág.

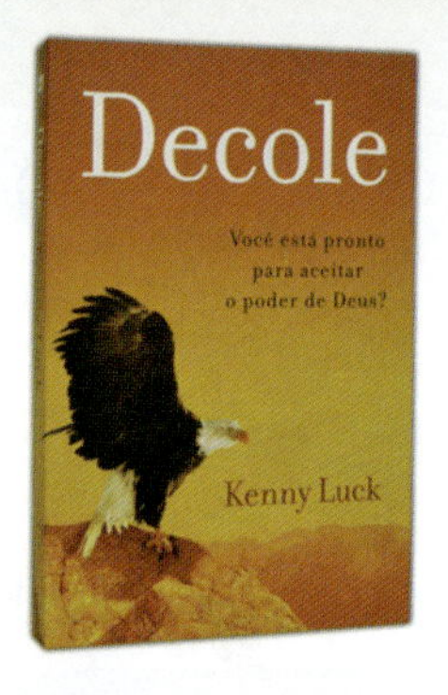

Decole

Kenny Luck revela como reorientar a sua trajetória de vida para ser aquilo que Deus sonhou para você.

| 304 pág.

Nana, nenê

Como cuidar de seu bebê para que ele durma a noite toda de forma natural.

| 296 pág.

Talmidim

Este livro apresenta a essência da mensagem de Jesus aos seus discípulos, de ontem e de hoje.

| 384 pág.

Deus está no controle

Deus se importa e está sempre no controle. São estas as verdades bíblicas que Max Lucado quer que você conheça e entenda.

| 203 pág.

A Bíblia da mulher que ora

Estudos específicos para as mulheres, introdução de cada livro da Bíblia, referências que facilitam a compreensão, artigos sobre oração, estudos devocionais, promessas de Deus sobre oração e muito mais.

Revista e corrigida (RC)
Dália / Primavera / Margarida
| 1296 pág.

É seu filho, não um *hamster*

Filhos precisam mais dos pais do que de treinadores. Entenda até onde compensa sobrecarregar os filhos com tantas atividades.

| 232 pág.

Transforme seu filho até sexta

Socorro, um monstro! Ah, não! É só o meu filho! Você já pensou assim? Então precisa de uma dose extra de conselhos do dr. Kevin Leman.

| 248 pág.

Entre lençóis

Com todo seu bom-humor e experiência no aconselhamento de casais, Kevin Leman traz nesta obra uma visão muito aberta e direta sobre a intimidade no casamento.

| 240 pág.